BESTSELLER

Rupert L. Swan es experto en *coaching*, comunicación interpersonal y lenguaje no verbal. Ha realizado estudios sobre la inteligencia social tanto en corporaciones como en el ámbito privado estadounidense y europeo. Es asesor editorial y redacta discursos para empresarios de éxito.

RUPERT L. SWAN

El método Obama

Las 100 claves comunicativas
del hombre que ha revolucionado el mundo

DEBOLSILLO

Primera edición en U.S.A.: febrero, 2009

Printed in Spain – Impreso en España

ISBN: 978-0-307-39280-0

Distributed by Random House, Inc.

Índice

PRIMERA PARTE
EL CUERPO COMUNICATIVO

SEGUNDA PARTE
EL ALMA COMUNICATIVA

La vida no consiste en buscarse a sí mismo,
sino en crearse a sí mismo.

Barack Obama, un nuevo icono
para el siglo XXI

Nos parece un guiño amable abrir este pequeño manual de un hombre hecho a sí mismo con las palabras de otro que, además, supo reflejar de forma impecable el proceso de aprendizaje —en este caso, de la dicción— de una señorita vulgar que llegará a figurar en sociedad. Esta «My Fair Lady» (en la versión cinematográfica de la obra teatral) nos divirtió, sorprendió y emocionó, como sólo las personas que logran, con su esfuerzo y magnetismo, alcanzar sus objetivos.

Barack Obama, un ciudadano americano medio, mestizo y nacido en una familia disfuncional, tenía todas las cartas para convertirse en un individuo común e incluso anodino. Frente a sus circunstancias, sin embargo, el hombre se educó y creyó tanto en sí mismo que consiguió poner el mundo a sus pies. Si el hecho de que una persona de raza negra haya llegado a la Casa Blanca tras siglos de segregación racial y discriminación ha sido tildado de «histórico», no menos increíble resulta el relato de su ascensión hasta llegar a ser el primer icono del siglo XXI.

En este libro queremos retratar esa trayectoria a través de todos los recursos, innatos y aprendidos, de este líder. *El método Obama* pretende ser una obra inspiradora para crecer y superarse como individuos en el marco de una sociedad competitiva pero que no olvida la humanidad y que, de hecho, se aferra a ella para salir adelante. O eso demuestra la confianza y la esperanza que hombres y mujeres de todas las razas y culturas depositan en el presidente número 44 de Estados

Unidos. El fervor por Barack Obama evidencia la necesidad de un cambio, en este caso, en manos de una figura ya tomada por mesiánica. Un «dios» que, precisamente, se caracteriza por unas cualidades humanas tan esenciales como simples y básicas. La respuesta al «Ahora, ¿qué?» es «Obama».

De ahí, del inmenso seguimiento popular, surge también la premisa de que este manual es útil para todos. Ésta no es una guía para empresarios o políticos. Estas páginas están pensadas para orientar a adolescentes; a padres; a aquellos que buscan trabajo; a los que soportan responsabilidades; a gente con complejos y con necesidad de superarlos; a los que quieren dirigir bien; a los que desean seducir sin dañar; a los que buscan comprensión dentro y fuera de ellos mismos; a los que no saben cómo cambiar sus pasos. Recoge recomendaciones para hombres y para mujeres, sin diferencia, aunque a veces se expresen en género masculino (¡cosas del idioma, no del pensamiento!).

Tras un exhaustivo análisis, aplicamos la andadura de Obama a las situaciones de cada día: hablar en una boda o en público, una entrevista de trabajo, una cita, integrarse en un nuevo círculo… Sin dogmas, con sugerencias, y entendiendo la comunicación como un todo. Todo comunica: cómo luces, cómo te mueves, cómo das la mano, cómo aceptas los halagos y las derrotas. El «Fenómeno Obama» ha devuelto a las portadas todos los conceptos modernos de la imagen, la comunicación, el marketing y el crecimiento personal cimentado en las cosas sencillas y el bienestar interior.

La carrera política de Barack Obama nos desvela un uso impecable de los elementos físicos y de la fortaleza emocional. En esta línea, nos hemos permitido organizar este libro en dos partes interconectadas: el cuerpo y el alma. En la primera parte, repasamos detalles de estilismo, aseo, movimiento, postura y lenguaje no verbal en general, apariencia, fotogenia, versatilidad. En el segundo tramo del libro nos adentramos en las características anímicas: la moderación, el mensaje positivo, la organización mental y el cultivo del espíritu, la preocupación por las personas y el entorno. Se trata de una visión global sobre una persona que podría ser cualquiera de nosotros.

Una persona que pertenece y representa intensamente la estructura social actual. Su madre, Ann Dunham, natural de Kansas, de raza blanca, se casó con el keniano Barack, pero el matrimonio apenas duró unos años, por lo que el pequeño Obama no conoció a su progenitor. Con su madre y el nuevo marido de ésta vivió en Indonesia (país de origen de su padrastro), para regresar a Hawai, donde se crió con sus abuelos. Este patente baño de culturas es un rasgo completamente distintivo de la globalización que marca el carácter curioso y abierto del nuevo presidente. Su dedicación y disciplina le orientaron con éxito en sus años universitarios en el Occidental College (Los Ángeles), en la Universidad Columbia (Nueva York) y en la Facultad de Derecho de Harvard, una nueva «ruta» que se traduce en el conocimiento de varios lugares emblemáticos de Estados Unidos con idiosincrasia propia. Pero, además de formarse, Barack Obama nunca descuidó su contacto con la gente. Todos sus compañeros, vecinos y amigos lo definen como alguien preocupado sinceramente por los demás, con los pies en el suelo, decidido, serio y, al tiempo, muy agradable y divertido. Su mujer, la abogada nacida en Chicago Michelle Obama, admira de él su gran capacidad para conectar con la gente y su fidelidad al compromiso, un valor que con ella ya se prolonga casi veinte años, y que tiene como fruto a las dos hijas del matrimonio: Malia, de diez años, y Sasha (Natasha), de siete.

El compromiso siempre ha señalado la trayectoria de Obama. Pese a sus variadas raíces, siempre destaca el valor de los afroamericanos y tiene como inspiración a figuras como Martin Luther King. Eso sí, sin excluir a John Fitzgerald Kennedy o a Gandhi. El compromiso le condujo también a la política. En 2004, era elegido senador por Chicago. En la convención demócrata de ese mismo año, el gran fotógrafo Richard Avedon lo retrataba «por su gran carisma», entre otros rostros desconocidos que acudían a esa cita. El fallecido Avedon quizá ya vislumbraba que ese político emergente iba a llegar muy lejos, aunque tal vez nunca pudo imaginar que, en sólo cinco años, superaría a una de las piezas fuertes de su partido, Hillary Clinton, en la elección de un candidato demócrata a la presidencia y, poco después, arrasaría en las elecciones presidenciales, hasta con el aplauso y la admiración de su rival, el republicano John McCain. Unos afirman que son pocos los que poseen el don de crear ilusión, pero nosotros creemos, como el escritor irlandés George Bernard Shaw, con el que hemos empezado, que el hombre ha confiado en su Pigmalión. Barack Obama ha moldeado su propio mito. Él lo dice: «El cambio no llegará si esperamos a otra época u a otra persona. El cambio somos nosotros».

PRIMERA PARTE

EL CUERPO COMUNICATIVO

1

Limpio por fuera, limpio por dentro

Es cierto. El hábito no hace al monje: no por acicalarte o lucir determinados elementos en tu indumentaria te vas a ver —ni te van a ver— como quien no eres. Por eso, es mucho mejor que emplees tu ingenio y tu energía en encontrar tu imagen, la que refleja tu personalidad. Con esta afirmación, sin embargo, no estamos restándole importancia a los consejos de un buen estilismo para cada ocasión. Más que «aparentar», debemos enfocarnos a «proyectar».

Y, no cabe duda, uno de los adjetivos que mejor te proyectan es «limpio». Cuando alguien se presenta limpio y cuidado —como el nuevo inquilino de la Casa Blanca—, nos embarga un sentimiento de que no tiene nada que esconder: se encuentra tan a gusto consigo mismo como nosotros con su presencia.

Así pues, concéntrate en una higiene corporal diaria en la que piel y cabello aporten una clara imagen saludable; mantén las uñas moderadamente cortas y limadas; presta atención a codos, talones y rodillas para que se vean y se sientan suaves al tacto; si sufres de problemas de acné o piel grasa, o de piel excesivamente seca, consulta a tu dermatólogo para que te recete el tratamiento adecuado. La automedicación o los remedios personales suelen incrementar estos problemas. Y, sobre todo, elige bien tus productos de aseo. Los olores penetrantes de geles, cremas, desodorantes o perfumes pueden resultar molestos, y más cuando se mezclan y llegan a tu interlocutor como un verdadero cóctel molotov de aromas...

En cuanto a tus «prendas», aplica el mismo principio: cuidado con los detergentes y suavizantes excesivos. Un buen jabón neutro para ropa en perfecto estado —sin deshilachados, botones colgantes o forros desprendidos— y bien planchada (aunque sin anacrónicas marcas de plancha) dirá que eres una compañía fresca y agradable.

2

Sencillamente arreglado

Vestirnos correctamente es una forma de expresar respeto por una situación social concreta y por las personas relacionadas con ésta. A veces, los llamados códigos de vestimenta pueden resultar tediosos o castrantes porque no permiten que elijamos la indumentaria que preferimos o con la que nos sentimos más a gusto. ¿Quién no ha echado pestes sobre las corbatas o los zapatos de tacón alto alguna vez? Con todo y a pesar de que tengamos razón en nuestra queja, debemos tener en cuenta que «desentonar» en un ámbito puede reportarnos más inseguridad. Por ejemplo, en una fiesta de gala, es preferible llevar el vestido más demodé que unos pantalones vaqueros, a no ser que queramos llamar la (desfavorable) atención.

Los expertos en psicología afirman que nuestra manera de vestir puede alienarnos o persuadir a otros. Las personas carismáticas lo saben. El líder apuesta por un *look* en apariencia simple —como el ex senador de Illinois en mangas de camisa—, rematado por el cuidado extremo de los detalles. En el caso de las mujeres, un traje de chaqueta elegante en un tono natural —de las gamas del verde, del azul o del marrón—, en una tela que inspire ligereza y no anquilosamiento (algodón contra lana, como ejemplo), o un vestido de cóctel no ajustado, de dos piezas —falda y chaqueta—, aluden a la sencillez y a la elegancia en ambientes de tipo laboral. Para casos más informales, unos tejanos grises con una camiseta y un suéter, o un vestido bonito con rebeca evocan equilibrio. Eso sí, el truco más efectivo para mostrarnos sencillos y arreglados es acudir a las prendas que casen con nuestro carácter.

3

El clásico intemporal

Contesta en segundos… ¿Clásico equivale a aburrido? ¿Qué es lo que hace que veamos a la gente de negocios como encorsetada y uniformada, mientras que consideramos a un político como Barack Obama como alguien absolutamente actual? La cuestión no radica sólo en llenar tu armario de los modelos de temporada, sino en saber llevarlos como si se tratara de tu atuendo más cómodo para estar por casa.

Aunque estés en público, no temas:

- Quitarte la chaqueta y quedarte en mangas de camisa.
- Antes que aflojar la corbata, es preferible que te la quites. De todos modos, evita desabrocharte en exceso la camisa, o parecerá que sales de un naufragio.
- Deshacer el efecto *total look*, porque no hace falta mantener el conjunto si queremos transmitir comodidad. Recuerda: si tú te sientes incómodo, tus acompañantes tampoco se permitirán saltarse la etiqueta.
- Si te desprendes de la chaqueta, intenta no cargar los bolsillos del pantalón. Las pinzas se verían abiertas y la tela no tendría buena caída. Te haría parecer más grueso y desaliñado.
- En el caso de la mujer, intercambiar unos tacones de vértigo por un calzado más plano, como unas merceditas, te dará un toque de frescura muy a la americana. Es esencial que los zapatos de repuesto, que puedes llevar en una funda en el bolso, sean de buena calidad.

- Variar la postura. Posiblemente, una de las razones por las que los vestidos y los trajes de chaqueta de las mujeres pueden llegar a disfrazarlas se debe a que no quieren que aparezcan arrugas. Pero, para ambos sexos, tu cuerpo es el que moldea tu ropa, y no al revés. A no ser que desees que te vean «asfixiado por la elegancia».

4

Especialista en el detalle

Tyler Thoreson, director ejecutivo del observatorio de moda en internet www.men.style.com, dice que los trajes de Obama se ajustan a su silueta porque se toma la molestia de hacer que los confeccionen para él, a diferencia de los trajes mal cortados de la generación del presidente George W. Bush (amante, además, de las botas y de los sombreros de vaquero). Como hemos comentado, no nadar dentro de nuestro atuendo nos ayuda a lucir tan modernos como sobrios, aunque, por mucho que revitalicemos el increíble y necesario oficio de modista/sastre, nada funcionará si nos proveemos de un calzado ramplón o un fular que más bien podría ser un poncho.

Uno de los pilares de cualquier estilismo que se precie son los complementos. Y, sea cual sea la tendencia, la máxima a aplicar es la de «menos es más». Si quieres que tu mensaje llegue con claridad en una cita, un discurso o una cena familiar, no distraigas a quien te mira. Y mucho menos si hablamos de piezas que, por muy en boga que estén, no cuadran con tu personalidad. Afirma Thoreson que «Obama está muy cómodo consigo mismo física y emocionalmente, y ésa es una de las claves que lo vuelven tan atractivo en tiempos difíciles». No necesitas abalorios si transmites bienestar. ¿Qué tal un nudo de corbata simple, más desenfadado, en lugar del formal nudo Windsor, que es más simétrico y ancho? O un escueto reloj con funda de piel y cristal mate. O unos pendientes medianos de oro o plata, sin piedras preciosas o semipreciosas. Un buen cinturón de cuero con una hebilla discreta y, por supuesto, unos zapatos en piel con pocos motivos. Porque lo que importa es la calidad, no la cantidad.

5

Discreto pero notable

Tímido no es igual a discreto. Invisible no equivale a discreto. Silencioso tampoco supone discreción. Las personas discretas no pasan desapercibidas, porque la discreción también es una cualidad asociada a la elegancia. En tu primera reunión con tu equipo después de que te hayan promocionado a jefe o jefa, ¿elegirías un suéter negro de cuello de cisne o una camisa amarilla? La respuesta es: ninguna de las dos prendas. El escritor Oscar Wilde decía que «el color puro, impoluto, sin significado y no coaligado a una forma definida, puede hablarle al alma de mil formas diferentes». Por eso tenemos que echar mano de las tonalidades correctas en cada caso. Una camisa verde aportará calma y equilibrio ante una situación difícil con compañeros de trabajo o clientes; el azul es adecuado para las entrevistas, ya que el que lo lleva da la impresión de ser una persona leal y tranquila en momentos de crisis. El blanco también está considerado un color perfecto para nuevos comienzos, y el morado puede reforzar tu capacidad de comunicación y mantener a tu audiencia pendiente de cada frase que pronuncies. El ojo ajeno debe interpretar tu presencia como inteligente, incluso si no recuerda posteriormente el color de tu vestimenta.

En situaciones de raíz más íntima y personal, el naranja es preferible al rojo para una primera cita. Al contrario de lo que puedas pensar, éste es el color de la felicidad y de la energía sexual, dos ingredientes estupendos para iniciar una relación tan notable como discreta.

6

Las mangas de Obama

Es curioso que ningún crítico de política o moda haya arremetido contra el desenfado con que el nuevo presidente de Estados Unidos se arremangaba en sus discursos de la campaña electoral. Los expertos en imagen aseguraron que esta particularidad de Obama era parte de su política, puesto que pretendía conectarse emocional y estéticamente con los Kennedy y, en particular, con Bob Kennedy. Bob se arremangaba los puños y las mangas de sus camisas, pero en Barack quizá «arremangar» no sería el término más exacto. Obama dobla cuidadosamente las mangas desde el puño hasta apenas el codo. Pasión contenida.

Al igual que a la hora de desabrochar una camisa o desprendernos de un suéter o jersey superpuesto a otro no debemos exagerar —lo haremos con cuidado para no descolocar toda la indumentaria—, subirnos los mangas será un acto que realizaremos con tranquilidad. Eso sí, nunca con parsimonia ni perfeccionismo: unas tres o cuatro vueltas estarán tan bien como uno o dos botones de la camisa. Allá donde te encuentres, los que te rodean no traducirán el gesto como una demostración de agobio o saturación, sino como una propuesta de relax.

Si trasladamos esto a una camiseta o a una rebeca, lo mejor es, ahora sí, arremangarse. No obstante, como intentamos evitar las antiestéticas bolsas y arrugas, es aconsejable no pasar del codo.

Este tipo de gestos no son fáciles de encajar en todos los

ambientes, ya que en ciertas situaciones puede restar puntos de seriedad. Sólo cuando aparezca un mínimo de distensión, puedes dar el paso de descubrirte. Seguro que te siguen en el camino.

7

Gafas, cuando salga el sol

Pocos detalles resultan más fastidiosos para las ocasiones en las que intentamos convencer o vencer como unas gafas de sol. De lo fundamental que es el uso de la mirada hablaremos más adelante; ahora enumeraremos todos los inconvenientes de ocultar nuestros ojos si el sol no nos está cegando:

- Usar gafas en un espacio cerrado es ilógico y te deja en evidencia.
- Departir con una o varias personas sin quitarte las gafas te resta credibilidad; es más, pueden creer que tienes algo que ocultar.
- Si te gusta una persona, tus ojos hablarán por ti… ¿Para qué privarte de estos aliados?
- Los niños reaccionan de manera más favorable a la expresión completa del rostro.

Un político, una persona de negocios, los padrinos de una ceremonia… saben que una mirada limpia y expresiva les ayudará a alentar, llegar a un acuerdo o expandir su emoción entre los que los escuchen. De esta manera, las estéticas gafas de sol deberían reservarse para un día soleado en una terraza o exterior, o para una situación que se quiere hacer pasar por privada en contraste con la vida pública (dar un paseo o salir de compras, frente a ir a una reunión con los colegas).

Otra cuestión es qué gafas decidimos vestir. Como todo

elemento relativo a la moda, ciertos modelos están asociados a figuras o movimientos más o menos icónicos. Digamos que no es lo mismo emular a un mafioso, a James Dean o a Marilyn Monroe. Déjate asesorar por un buen profesional para que el modelo de gafas se ajuste a tus facciones, resalte lo necesario y suavice lo que interese. Y, por cierto, cuidado con los cristales con espejo o los completamente opacos; en la moderación está el éxito.

8

Mete zapatilla

¿Eres un traidor a tus raíces si no eliges la marca de casa? ¿Quedas relegado si no tomas la misma senda que tus compañeros, que es además la habitual? Obama no ha comprado unas zapatillas norteamericanas, sino que ha optado por una marca asiática. Al contrario de ser tachado de *outsider*, lo han elogiado por la independencia en sus elecciones y la variedad en sus gustos. Es un tipo abierto que considera todas las opciones. Independencia y variedad, buenos trazos de una personalidad estable.

No tengas miedo a introducir en tu estilo novedades que, incluso, no se esperen de ti. El truco para no causar rechazo es la buena combinación. ¿Zapatillas en la oficina? ¿Por qué no? Existe una amplia gama de calzado deportivo que emula al de vestir u otros modelos de diseño más arriesgado, moderno. Tal vez, lo desaconsejable son los modelos específicos, es decir: para practicar baloncesto, spinning, danza, para correr… Este tipo de zapatillas suelen tener distintivos muy «deportivos», basados en el grosor de las suelas, los colores (más o menos llamativos), los refuerzos o su forma de cubrir el pie, por mencionar algunos.

Decimos zapatillas como podríamos decir pañuelos, horquillas y diademas, medias de fantasía, chalecos… Teniendo en cuenta todos los detalles que hemos comentado en anteriores capítulos, incluir en tu vestuario algo práctico que te conecta contigo mismo y te define es una excelente idea, siempre y cuando lo hagas con discreción y gusto.

9

La imagen de un colectivo

Expresar la identidad con buen tino nos conduce al éxito en nuestras relaciones. Sin embargo, por mucho que nos empeñemos en distinguirnos como únicos, es importante reconocer que somos parte del colectivo. Precisamente, es a partir de ese colectivo que podemos trazar nuestras diferencias. Pero, para conseguir llegar a éste, también es necesario que tomemos algunos de sus referentes. Esto es, Barack Obama tiene su propia imagen, pero no duda en identificarse con algunos de los símbolos de su entorno: una gorra del equipo de béisbol de Chicago, los White Sox, o la MTV, por ejemplo. Es un hombre especial, pero es un ciudadano más, con el que cualquiera puede identificarse. Así, no desdeñes lo que ves a tu alrededor por sistema, porque puede ser útil. Veamos qué pasos puedes definir para saber en qué contexto te mueves:

- Determina cuántas personas te interesa incluir en tu campo de acción.
- Observa qué estilo de vestir y hablar son más representativos.
- Investiga en los gustos generales: qué programas de radio y televisión consumen, qué clase de música y artistas son sus favoritos.
- Estate atento a qué prefieren comer, si son vegetarianos o tienen una manía peculiar al elegir un restaurante.
- Pregunta por sus costumbres y su tiempo de ocio.

- Fíjate en si fuman o beben, y en las críticas que emitan al respecto.
- Escucha lo que digan de sus familias e hijos.

Éstas y otras claves son un buen material para conocer a fondo a aquellos con los que quieras integrarte. Con todo, sólo incorporarás a tu estrategia de comunicación aquellas características que te sean más naturales. Fingir es el peor truco que existe, no lo olvides.

10

En forma a tu forma

Tu cuerpo es tu templo: tu gran fachada y tu guarida. Tus hábitos determinan tu estado de salud. Porque eso es lo que te tiene que importar, la salud, más que conseguir un cuerpo musculado o que roce la perfección. Ir al gimnasio cada día es una opción que cumplen pocos, además de figurar como una de las varias actividades en el conjunto de indicadores de la salud personal. Para lucir saludable, es importante evitar el sobrepeso, el tabaco y el alcohol; dormir unas ocho horas; aparcar el sedentarismo; y rechazar la hipocondría. Una persona que goza de buena forma física contagia vitalidad, buen humor y energía positiva. En este sentido, es importante encontrar un plan personalizado para conseguir el equilibrio. De hecho, un cuerpo activo propicia el pensamiento claro, a la vez que la calma mental impide que aparezcan signos corporales negativos. Los elementos básicos de este plan son:

- La alimentación. La mejor dieta es la que incluye todo tipo de alimentos, a excepción de las grasas saturadas y de los productos industriales sin aporte nutricional. No hay que abusar de la comida, pero tampoco privarse. La ingesta calórica depende de si eres hombre o mujer, de tu edad y tu actividad diaria.
- El ejercicio físico. Desde andar hasta correr, ir en bicicleta, patinar, nadar, hacer veinte abdominales al levantarte… Moverse es tan fácil como económico y gratificante. Elige lo que más te guste.

- Abandono de costumbres perniciosas. Si consumes alcohol y tabaco, busca ayuda para dejarlo. El desgaste que producen merece tu esfuerzo.
- Motivación y consejo. Rodéate de amigos y profesionales cuando necesites aliento y/o asesoramiento.
- Chequeos periódicos. La mejor manera de asegurarte de que estás bien es acudir a la consulta de tu médico y hacerte una revisión. No vale la pena vivir en la duda de si estás enfermo: agobios, los justos.

11

La juventud es el encanto

Ser joven está sobrevalorado en algunas sociedades, sobre todo las occidentales, aunque al mismo tiempo se ve como indicio de inexperiencia. Encontrar el término medio puede depender de la forma de vestir y, lo que es más importante, de la actitud. Tengas la edad que tengas, es esencial que te muestres abierto, tolerante, curioso y afable. Destaca tu capacidad para empatizar con personas de cualquier edad y para estar al día de lo que sucede a tu alrededor. Eso no implica aceptar «porque sí» estilos de comportarse o vestir que no vayan contigo —como Barack Obama hizo respecto a los pantalones vaqueros bajos de cintura—, pero sí respetarlos.

Eres un adulto con experiencias, lo que te confiere un interés, y puedes ser también el que inyecta energía y formas nuevas de hacer las cosas. Esta creatividad también se manifiesta en lo que llevas puesto, en cómo cuidas tu piel, tu cabello, tus manos…

Desecha de tu imaginario la idea de que existen actividades, un vocabulario o un vestuario determinados para cada edad. Estos pensamientos son una cárcel para tu encanto. Aun así, procura no exagerar con lo que te pones y en cómo te desenvuelves, sobre todo cuando haya adolescentes a tu alrededor. ¡No es una competición! Tu juventud debe ser inteligente.

12

Un hombre de altura

Muy bien, no mides 1,88 metros como Obama, pero eso no significa que no puedas convertirte en un hombre o en una mujer de altura. Las personas muy altas o muy bajas tienen el inconveniente de destacar a pesar de no pretenderlo. Si piensas que eres demasiado bajito:

- Compra unos zapatos de tacón que te ayuden a elevar tu estatura. Para los hombres existen zapatos con cuña interior que aumentan hasta siete centímetros la altura.
- Evita dibujos y estampados en jerséis, camisas y pantalones. Por el contrario, apuesta por líneas verticales en tu ropa. Usa conjuntos de camisa y pantalón de la misma tonalidad. El contraste de colores hará que parezcas más bajo. Es mejor optar por pantalones de tiro corto y jerséis de cuello en V.
- Es preferible que lleves el pelo tirando a corto. El pelo corto deja tu cuello, o por lo menos parte de él, al descubierto, y aporta una gran sensación de verticalidad a tu aspecto.
- No te olvides de cuidar tu postura. Mantén la espalda recta y los hombros atrás. Procura no flexionar en exceso las rodillas ni esconder los brazos.

Este último consejo es común a todos, independientemente de nuestra estatura. Por muy alto o bajo que seas, una postura encorvada te mostrará como una persona acomplejada, al tiempo que deslucirá completamente tu atuendo. No temas presentarte como eres, en toda tu extensión y de la cabeza a los pies, esto es, erguido y con la cabeza bien alta, mirando a tu interlocutor.

13

Un peluquero personal

Como político en alza y ahora como nuevo presidente de Estados Unidos, una de las únicas quejas que ha salido de la boca de Barack Obama es que no puede pasear tranquilamente hasta el establecimiento de su peluquero preferido, Zariff, al que acude regularmente desde hace catorce años. ¿Cómo lo definirías: apuesta segura —aversión al riesgo— o fidelidad atractiva? Bien, ¿por qué no las dos, y sin la parte negativa de eludir el riesgo? A veces, en la vida, apostar por lo seguro es el mejor camino, y no por ello eres débil o poco inquieto (más bien, inteligente).

La elección de las personas que cuidan de tu aspecto y de tu salud revertirá en éxito si sabes exactamente lo que deseas comunicar. No debes obviar que se trata de asistentes «personales», es decir, que te aconsejan en función de tu persona y de tus opiniones. Aunque les des «carta blanca», seguro que intuyes que harán lo mejor por ti. No obstante, si no conoces bien a tu peluquero, estilista, esteticista, o estás puntualmente en una tienda porque necesitas adquirir alguna prenda y te están sugiriendo varias posibilidades, confía en tus gustos y en tu intuición. Tu personalidad marca la línea a seguir y, con el tiempo, irás descubriendo lo que no te queda bien.

Si ya tienes confianza en tus asesores de imagen, también debes sopesar los cambios que te propongan. En el trabajo, es más aconsejable hacer cambios de imagen graduales, mientras que en el terreno personal, un cambio radical de vez en cuando puede ser tan bienvenido como urgente en determinados períodos de la vida. Además, un buen cambio de imagen siempre supone una forma de eliminar lastres y sentirse rejuvenecido.

14

Tendencias que no apabullan

No hace falta que Donatella Versace lance una colección primaveral inspirándose en ti, ni que la revista *Esquire* te declare la persona más influyente por su estilo de vestir. Crear tendencia no debe ser tu objetivo, pero si incidentalmente lo consigues, ten por seguro que se deberá a que tu estilo es agradable, llevadero y apetecible. Ya sabes que el principal problema de estar de moda es que pronto puedes pasar al olvido. Por el contrario, alejarse del «fashion victimismo» e incorporar prendas y complementos de tendencia en tu armario de vez en cuando, siempre conservando y respetando tu estilo propio, es una buena manera de refrescar tu imagen.

La diferencia entre estar pendiente de lo que sale y estar al tanto de lo que ofrece la moda es más amplia de lo que parece. En la primera, te conviertes en una simple copia de lo que aparece en los catálogos, tu indumentaria cambia sin darte la oportunidad de fijarla en tu estilo y, por si fuera poco, gastas demasiado para acabar pareciendo un disfraz de ti mismo. Por otro lado, cuando estás al tanto de las nuevas tendencias, te informas en revistas o sitios de internet especializados, observas lo que sucede a tu alrededor y lo adaptas a tus actividades y carácter. Tu estilo puede gustar o no, pero con toda seguridad nunca dejará a nadie sorprendido ni decepcionado. Y eso es lo apabullante.

15

Sabes que eres guapo

O que eres guapa, claro. Lo único que queda por hacer es recuperar todo aquello que sólo tú puedes ofrecer y explotarlo. Ten en cuenta dos aspectos: primero, que sólo una de cada diez personas se consideran «bellas»; y segundo, que existen cánones de belleza temporales y espaciales. O sea, que dependiendo del país y su cultura y de la época, ser guapo incluía diferentes requisitos. En la actualidad, la belleza se rige, más que nunca, por las modas cambiantes; es tan mutable como la economía de mercado. Por esta razón, quizá te interesa más profundizar en un aspecto agradable y coherente. Con ayudas, por supuesto:

- No es ningún secreto para las mujeres —aunque no exclusivamente— que el maquillaje es un gran aliado para disimular imperfecciones. La corrección va enfocada a conseguir la mayor simetría en el rostro y a unificar el tono.
- Una buena definición de las cejas cambia una expresión.
- Cuidado con las patillas exageradas.
- Usa la cosmética a tu favor y con constancia, bien contra problemas de piel o para obtener una tez más relajada. Existen productos para cada necesidad, aunque un buen sérum de vez en cuando es muy recomendable.
- Un masaje relajante y desintoxicante libera el cuerpo y la mente.
- Puedes buscar ropa interior que moldee tu cuerpo a la

vez que lo cuida, como medias para la circulación, fajas flexibles...

- Los ejercicios de respiración rebajan la ansiedad y mejoran el tono vital, por lo que destilas tranquilidad y belleza.
- Si te sientes hinchado, ojo con tu dieta y con el estrés. La fruta y la verdura frescas, los yogures con bífidus, una cantidad razonable de líquidos y masticar despacio pueden remediar el estreñimiento y los gases.
- De nuevo, ejercita tu cuerpo, incluyendo el rostro. Los movimientos estimulantes dejan la piel elástica y retrasan la aparición de arrugas.

Sí, hay días en los que nos sentimos guapos y días en los que no, pero siempre podemos hacer algo al respecto: querernos.

16

Sin pelos...

En la lengua, sin pelos faciales, corporales... ¿Hasta qué ... punto una barba, un bigote o una mala depilación hablan de nosotros? Calcula el contexto y obtendrás la respuesta. Te vas de excursión con amigos, a la playa; te presentas a un certamen de bañadores; asistes a la entrega de un premio o te toca hacer un pequeño *speech*; eres profesor o político; quieres un ascenso en tu trabajo; haces por primera vez el amor con alguien que te gusta. Dejando a un lado el factor cultural y los dominios del rock & roll, los pelos, su descuido, son una pésima carta de presentación.

En algunos rostros y complexiones, una barba y/o un bigote o la perilla dan un aire sexy y elegante, siempre que estén perfectamente recortados y limpios. Incluso algunas facciones mejoran con la barba, aunque también en otras caras cambian radicalmente la imagen, para bien o para mal —pueden conferir agresividad—. Eso sí, huye de los afeitados extravagantes y de las patillas exageradas. Y si sólo tienes barba de un par de días, es aconsejable que te afeites con esmero para un acto público.

En cuanto a la depilación, mujeres y hombres tienen a su alcance una amplísima gama de productos aptos para los diversos tipos de piel, las necesidades del momento y el dolor que estén dispuestos a soportar: ceras frías, tibias y calientes, láser, azúcar y miel, pinzas, cuchillas de afeitar, cremas depilatorias en varios formatos...

Una última sugerencia para el tratamiento del vello cor-

poral es la decoloración. Deberás calcular las posibles alergias y no aplicar la crema en vello demasiado grueso o abundante, porque podría quedar de un poco deseable tono ana-
ranjado.

17

Canas y ojeras: pasadas de moda

Hubo un tiempo en que las canas y las ojeras en el hombre, sobre todo en el que se dedicaba a la política o a las actividades bancarias, era un signo de capacidad, inversión de tiempo y gran experiencia. Pero esa idea se ha ido a la basura tras la llegada de Barack Obama. Hoy, las canas y las ojeras son síntoma inequívoco de cansancio, nada más. La falta de sueño, la mala circulación, las alergias, la hiperpigmentación o simplemente el hecho de tener una piel muy fina bajo los ojos pueden ser motivo de aparecer ojeroso. Y como el área ocular es la parte más hundida del rostro, es la más propensa a tener sombras de forma natural, por lo que las ojeras se notan todavía más. Con todo, puedes probar los siguientes trucos:

- Duerme con almohada, para reducir la acumulación de líquido alrededor de los ojos.
- El ejercicio activa el drenaje del cuerpo, incluido el líquido que se acumula bajo los ojos.
- Un antihistamínico puede funcionar en el caso de que las ojeras estén relacionadas con alergias.
- Las cremas con hidroquinona actúan contra la hiperpigmentación, los baños de sol excesivos o el frotamiento de ojos.
- Hidrata a diario la zona con cosmética específica, cuanto más natural, mejor.
- Busca un corrector de consistencia cremosa que sea un tono más claro que tu piel. Aplícalo con un pincel, difu-

mínalo ligeramente con la punta de los dedos y da un toque de polvos para fijarlo.

En referencia a las canas, puedes emplear tintes para disimularlas o cubrirlas con sprays o colorantes. Encontrarás también en el mercado champús y espumas, por ejemplo. Las fórmulas deben adaptarse a la cantidad de pelo blanco que tengas y, sobre todo, deben respetar tu cabello y tu cuero cabelludo.

18

La cara es el espejo del alma

Tu cara registra cada matiz de tu vida. Investigadores de la comunicación no verbal como Paul Ekman lo han demostrado en sus investigaciones. Ekman concluye en su libro *Emotion in the Human Face* que las expresiones de la cara son un índice fiable de las emociones básicas. De hecho, los expertos confirman que son anatómicamente posibles más de mil expresiones faciales diferentes, lo que no quiere decir que cada una revierta en una reacción positiva de la gente que tenemos a nuestro alrededor. El histrionismo (afectación o exageración propia de un actor teatral) es un mal compañero. Con tus amigos o pareja, puede verse como agresividad o como si estuvieras haciendo el payaso. En una reunión de trabajo evidenciará que no controlas la situación o que estás demasiado ansioso. Hay que reaprender a gesticular y a dominar cualquier mohín que desvíe la atención de quien tenga que captar nuestro mensaje.

Un curso de teatro básico nunca va mal para estos quehaceres, o el yoga facial, para empezar. Algo que puede resultar efectivo es ensayar cada día delante de tu espejo: analiza cómo mueves los músculos faciales según la impresión que te cause el contexto y, según la respuesta de tu cara, intenta convertirte en alguien más o menos expresivo. Te invitamos a que compruebes las reacciones. Te sorprenderás.

19

Sonrisa, risa y carcajada

Una magnífica sonrisa transmite cualidades como confianza, bienestar y éxito. Como dijo el escritor Charles Gordy, «la sonrisa es una forma barata de cambiar tu imagen». Al respecto, debes tener en cuenta que una boca bonita es el primer elemento clave.

Aplícate en la tarea de mantener tu dentadura, con la ayuda de un dentista y con tu propia rutina:

- Cepíllate los dientes al menos dos veces al día, preferiblemente después de cada comida. Si estás fuera de casa, un chicle sin azúcar con xylitol paliará el efecto bacteriano. Utiliza la seda dental por lo menos una vez al día.
- Evita los dulces, el tabaco, el café y aquellos hábitos que puedan manchar tus dientes.
- Recurre a un tratamiento estético si lo crees necesario (fortalecimiento, corrección, blanqueamiento).

A todo esto debemos añadir que unos labios bonitos completarán la «operación boca cuidada». Preocúpate por su hidratación y, si te maquillas, no abuses de la cantidad de pintalabios y elige tonos que vayan con tu atuendo y con la ocasión.

Tu sonrisa es un arma de seducción infalible, algo que no necesariamente se traslada a tu risa o a tu carcajada. Es una cuestión de espontaneidad, pero como todo en la presentación ante otro, se puede modular. En el caso de que busques controlar un ataque de risa, puedes intentar el siguiente método:

- Respira hondo, muy hondo, cuantas veces sea necesario.
- No mires a nadie, concéntrate en el suelo o en el cielo o en algo que esté fuera de tu foco visual, que no te haga reír.
- Pregúntate: En esta situación, ¿por qué es importante tener un semblante sereno?
- Empatiza con las personas con las que compartes la situación. Puede que el tema sea importante, y la risa, no bienvenida.
- Medita acerca del porqué de tu ataque; puede que sea un mecanismo de defensa para evitar algo que te está generando desazón.

20

Los ojos hablan

Úsalos. Mímalos. En general, se cree que la mirada fija indica honestidad, pero los expertos en comunicación no verbal destacan que ninguno de nosotros permanece impasible cuando otra persona nos observa durante un tiempo demasiado prolongado. Hay que sopesar el influjo de tu mirada. El poder de la mirada fija está reconocido a través de la historia y se traduce en multitud de leyendas sobre el mal de ojo, aunque también en la creencia de que la mirada fija actúa de magia protectora. De ahí que, hasta 1947, muchos barcos aún conservaran un ojo pintado en su proa.

Pese a que estas nociones persisten hoy en nuestra cultura, es importante recordar que el contacto visual intensifica la intimidad, expresa y estimula las emociones y es esencial en la sexualidad. Para iniciar una amistad o atraer a la persona que te interesa, tu primer reclamo pasará por los ojos.

Cuando seas el «observado» porque tienes una audiencia ante ti, debes concentrarte en repartir tu mirada entre varias personas cada vez. Será como crear y repartir el entendimiento. De ello hablamos en el siguiente capítulo.

No obstante, nada funcionará si tus ojos reflejan cansancio, tristeza o descuido. Al igual que hemos enumerado consejos para lucir una buena dentadura, es básico recoger algunos para cuidar tus ojos:

- Si eres una mujer —o un hombre muy sofisticado— que te maquillas los ojos, desmaquíllalos antes de irte a la cama. Lo mejor es recurrir a desmaquilladores especiales de ojos, ya que son más suaves. Debes limpiarte cejas, pestañas y párpados. Si llevas lentillas, recuerda que debes quitártelas antes de empezar a desmaquillarte.

- Para eliminar la hinchazón y el cansancio, un par de algodones empapados en manzanilla fría te hará bien.

21

El contacto visual

Afirma el filósofo Jean-Paul Sartre que el contacto visual nos hace directa y realmente conscientes de la presencia de otra persona con intenciones propias. La mirada es la primera fase del entendimiento y presenta el grado de intimidad existente entre las personas, con diferencias culturales incluidas. Por ejemplo, los árabes se miran fijamente al mantener una conversación, algo que resulta de mala educación en las sociedades del Lejano Oriente. En nuestro contexto cultural, una mirada tibia alternada con observaciones periféricas sería lo más cómodo para los conversadores.

¿Cómo manejar una situación «con los ojos», entonces? Básicamente, el que habla puede controlar el comportamiento del que escucha mediante movimientos oculares: impedir ser interrumpido evitando mirar al otro y animándolo a que le responda mirándolo con frecuencia, como buscando su opinión.

En presentaciones y discursos a un colectivo, el *coacher* norteamericano Chris Wright cuenta que los buenos oradores recomiendan controlar el contacto visual separando la audiencia en tres grupos y mirando a una persona de cada uno de ellos por turnos. Si intentas mantener contacto visual con demasiadas personas, pierdes el control de la audiencia. Por ello, conviene mirar a la persona escogida hasta lograr reconocer el color de sus ojos. Después, hay que retirar la mirada. Wright recomienda dedicar el mismo tiempo a cada uno de los tres grupos de la audiencia. El contacto visual también puede combinarse con pausas para aumentar el efecto y la intensidad del mensaje. Una pausa antes de algo importante crea expectación y transmite a la audiencia la sensación de que dominas la materia. Por último, los mejores oradores siguen la regla PEEP:

P: Pausa (primera pausa)
E: Energía y entusiasmo
E: Establecer contacto visual
P: Pausa (segunda pausa)

22

Juegos de manos

Los ademanes con los que aderezamos nuestras palabras también hablan por nosotros. La frecuencia de los mismos, incluso, nos ubica en una cultura —quién no ha asociado una persona que gesticula mucho con Italia— y, por supuesto, revela estados emocionales. De ahí que, a la hora de una presentación, intentemos esconder manos y brazos para que no nos delaten, porque estamos nerviosos y podemos abusar del movimiento. Pero resulta que las manos apretadas o rígidas también indican tensión. ¿Dónde encontramos el punto intermedio? En la emotividad de tu discurso.

- Lo que cuentas está cargado de frases de gran sentimentalismo, o estás desgranando una historia conmovedora: en tu círculo de amistades y de personas queridas, los gestos no están de más e, incluso, pueden ser compartidos.
- Tus argumentos son prácticos y fríos, más bien científicos, y carecen de emoción intrínseca: acompáñalos con algún ademán como levantar ligeramente el brazo con la mano abierta, pero sin mostrar la palma.
- Pretendes convencer a una audiencia mediana-grande para que te apoyen en un plan o proyecto: mueve las manos para enfatizar lo que dices. Puedes ondear sólo una de ellas mientras sujetas tus apuntes con la otra y, de vez en cuando, levantar mínimamente ambos brazos y las manos, con las palmas hacia abajo. Siempre lentamente. Señalar con el dedo índice no está mal, siempre

que te cuides de no dirigirte a alguien en concreto de tu audiencia.

- Estás disgustado: gritar y gesticular con afán conlleva agresividad por partida doble. Pon las palabras y los gestos en igual cantidad en tu balanza de expresión.

23

El apretón de manos

E l saludo más extendido en todo el mundo es la acción de dar la mano. Lo que comenzó como un símbolo de paz (se daba la derecha como señal de que no se empuñaba un arma), hoy es una forma de cortesía. Apretamos la mano tras una presentación o encuentro con un conocido, y también para despedirnos de alguien. Y ¿cómo se debe dar la mano? ¿Es cierto que un potente apretón transmite confianza o, por el contrario, resulta desagradable? Para los expertos en protocolo, debes dar la mano derecha (salvo si eres zurdo), tienes que extender por completo la palma, dejando el dedo pulgar hacia arriba y estirar el brazo en ángulo recto-abierto, es decir, unos 120°. Una vez juntas ambas manos, se debe cerrar la mano envolviendo la de la otra persona a la que saludamos, de forma firme, pero sin hacer daño, cerrando los dedos en torno a su palma. El apretón debe ser corto (de unos segundos) pero firme y decidido. Entre amigos, los apretones suelen ser de mayor duración. Puedes hacer un pequeño gesto de agitar de arriba abajo las manos, de forma rápida.

Los apretones justos no pasan por flojos, porque te harán parecer demasiado débil, tímido o desconfiado; ni por demasiado fuertes, ya que dan cierta sensación de superioridad, de fuerza o de posición dominante.

El que inicia el saludo marca la duración del apretón, y en el intercambio, es aconsejable un buen contacto visual con el otro, a la vez que esbozamos una sonrisa o un gesto agradable. Por cierto, una mano húmeda o sucia es un mal comienzo…

24

La magia de un abrazo

Tocarse o no tocarse, ésa es la cuestión. En nuestro abanico sensorial y comunicativo, el tacto es uno de los que nos hace dudar más. Lo que experimentamos a través de la piel tiene una importancia capital. No en vano, los labios, el dedo índice y el pulgar, sobre todo, ocupan una parte bastante desproporcionada del cerebro. El problema con el que nos toca lidiar es que el contacto táctil es un tabú en la mayor parte de las sociedades desarrolladas. Decimos «lidiar» porque esta consideración negativa nos priva de una herramienta excelente para integrarnos en casi todos los ambientes.

No hay nada como unas palmaditas en la espalda o un abrazo de solidaridad y/o consuelo como el que Barack Obama regaló a una ex marine que había sufrido la amputación de ambas piernas. En ese momento, las palabras podían sonar huecas y protocolarias, puesto que se trataba de una desconocida, y el abrazo, fotografiado hasta la saciedad, sumó humanidad al político.

Sin embargo, las diferencias culturales y el género también delimitan el uso del tacto y hay que respetarlo. La clave está en observar y en calcular en qué momentos y espacios pensamos que un abrazo puede estimular al otro.

- En la intimidad, por descontado, la fuerza de un abrazo está fuera de dudas. Abrazar a tus hijos, a tu pareja, a un familiar o amigo resulta muy gratificante, crea y refuerza lazos de unión y aumenta las llamadas «hormonas de la felicidad», las endorfinas.

- En público, el asunto se vuelve más delicado y depende quizá de las jerarquías, costumbres y, sobre todo, de la cantidad de personas reunidas en un mismo espacio. De todos modos, la actitud de la otra persona te dará una pista de hasta qué punto puede ser bien venido tu gesto. Lo que está claro es que siempre te dará puntos como persona atenta a las necesidades ajenas.

25

Besos que son palabras

Y si un abrazo puede suponer un desdén (o una sonrisa de agradecimiento o amor), con el beso nos adentramos en terrenos más delicados. Al igual que un abrazo es adecuado en una coyuntura en la que las palabras sobran o no se alcanzan a acertar, un beso es un acto que implica cierta intimidad que debemos sopesar antes.

Existen besos de cortesía, que empleamos en saludos y/o despedidas; hay también besos de intencionalidad romántica y erótica. En cuanto a los besos relacionados con el tema que nos ocupa, esto es, aquellos que aportan un valor añadido a una conversación o presentación.

- Pueden ser leves, casi como rozar brevemente la mejilla. El contacto de los labios directamente sobre el rostro implica cercanía intensa y puede confundir a la otra persona.
- Podemos dar un solo beso, mejilla contra mejilla, sin contacto corporal.
- Si damos dos besos, también podemos acabar el saludo con una sonrisa o ladeando amablemente la cabeza.
- O podemos dar dos besos justo a continuación de un apretón de manos.
- En un discurso para un acto como una boda o una reunión de una asociación, de antiguos alumnos o similares, un beso al aire es un gesto simpático y entrañable. Pero, ojo, eso no significa que emules a una modelo que acaba

de ganar un concurso de belleza: con un par, basta. Dejemos el besuqueo excesivo prodigado a los cuatro vientos para las telenovelas.

26

Fotogenia y fotografía

Al componer un currículo, montar un catálogo, organizar un álbum, coordinar una presentación, idear un regalo o diseñar una página web personal, entre otros ejemplos, no podemos permitirnos una mala fotografía. Es la primera impresión que se van a llevar de nosotros y la que se supone que elegimos para que ésta refleje lo mejor que podemos ofrecer. De esta manera, selecciona cuidadosamente el material que será tu carta de presentación.

Puedes aducir al respecto que no eres fotogénico, lo que —déjame decirte— no pasa por una buena excusa.

- Agénciate a un profesional, tanto del estilismo y del maquillaje como de la fotografía.
- Elige el mejor «set»: un espacio donde te sientas cómodo, la iluminación sea la correcta…
- No exageres. Respira, relájate, proyecta tu mejor talante.

Al escoger una o varias imágenes que ya están hechas, ten presente quién es el destinatario. Por supuesto, no es lo mismo entregar una foto a tu pareja o a un familiar (en este caso, te puedes permitir licencias de humor o situaciones que indiquen una mayor intimidad) que a tu futuro jefe (una foto de «busto parlante» en una postura relajada irá bien).

Si lo que entregas o regalas es un vídeo, las consideraciones serán equivalentes, con la ventaja de la imagen en movimiento: puedes variar la pose, jugar con la luz, cambiar de estancia y beneficiarte del *atrezzo*, o sea, de la ambientación. Un jardín, un salón bien iluminado, tu despacho ordenado para la ocasión, un enclave monumental… Es importante recalcar que todo lo que añadas a tu alrededor habla de ti y por ti, así que piensa muy bien qué te define. En referencia al movimiento y a la pose, en el próximo capítulo te sugerimos cómo desenvolverte ante la cámara.

27

En pose

Muy bien, dices que tienes escaso encanto para la cámara, que te pone nervioso y que te sientes especialmente ridículo delante de ella, y más aun si tienes que hablar. Como en cualquier presentación, hay trucos para que salgas absolutamente indemne de la situación.

- Disimulas unos muslos gruesos cuando estás sentado si te echas hacia delante con los codos apoyados en las rodillas.
- Concéntrate en proyectar alegría.
- Piensa en cosas que te hagan sonreír de forma natural.
- Usa ropa que no forme arrugas, pero que tampoco resulte demasiado ajustada (por muy delgado que estés).
- La ropa demasiado llamativa resta valor a tu cara.
- Intenta levantar la barbilla y así evitarás al máximo las sombras sobre la cara.
- Para no parpadear justo con el disparo de la cámara y salir con los ojos cerrados, ten por norma mirar a la cara al fotógrafo o por encima de la cámara.
- Muévete con armonía. Habla como si lo hicieras directamente a la persona que te está grabando.
- Si estás sentado, no enseñes la suela de los zapatos al cruzar las piernas ni te ladees en exceso.
- Apoyar la mejilla en una mano es contraproducente si presionas demasiado.

- Practicar delante del espejo con varias opciones de iluminación te dará una idea de cuál es tu mejor perfil. Además, podrás poner en práctica la pose que mejor resultado te dé en fotos espontáneas.

28

Seducción sutil

B arack Obama es un seductor nato y ha sabido combinar sabiamente todos los ingredientes que intervienen en el arte de la seducción.

El lenguaje corporal y el tono de voz tienen efectos sorprendentes en aquellas ocasiones que deseas concentrar en ti la atención de una o varias personas. A eso lo llamaríamos seducir. Sí, seguro que te has preguntado numerosas veces qué destila otra persona que tú no puedas conseguir, y lo has relacionado básicamente con su belleza, aunque luego también hayas topado con la reflexión de que otros menos agraciados gozan de una aceptación popular importante. ¿Cómo atraer a quien te gusta o a quien te interesa convencer? Una vez más, con sutilidad. No hay nada que potencie más una huida que el «donjuanisno» o una persecución evidente, o un discurso manido y lleno de ego desmedido. Es interesante comentar que, a pesar de que la iniciativa salga de ti, en la seducción debes colocar a tu o tus objetivos a tu misma altura. Observa su comportamiento: si hay timidez o casi arrogancia, si prestan o no atención evidente.

Lo primero será aplicar todos los detalles que hemos comentado respecto al contacto visual: alternado, levemente fijo, con patente interés. Controla tu postura. La cabeza erguida y los hombros hacia atrás, a la vez que relajados. Evita los movimientos de manos y/o pies que transmitan nerviosismo. Por cierto, no escondas las manos en los bolsillos. Afina el tono de tu voz y no exageres la dicción ni uses un volumen desmedido aunque estés en una presentación. Relaja a tu oyente, haz que confíe en ti, que note que quieres involucrarlo en tus ideas o en tus sentimientos.

29

En armonía con el sexo opuesto

Es una afirmación extendida que hombres y mujeres no pueden ser amigos. Que, tarde o temprano, aparecen actitudes de tipo sexual o sentimental. Entonces ¿qué ocurre con nuestros y nuestras compañeras de trabajo? ¿Con las parejas de nuestros amigos? ¿Incluso con nuestros rivales por un puesto de responsabilidad (como, claro, Hillary Clinton en relación a Barack Obama en la carrera por la elección del candidato demócrata a la presidencia de Estados Unidos)? ¿Cómo podemos asegurarnos de que no nos acusen de conductas que hieran la sensibilidad de las personas del sexo opuesto de nuestro entorno, de que nos tachen de machistas o feministas?

Por supuesto que siempre nos encontraremos con personas susceptibles o que aducen que su situación en la vida se debe a que son discriminadas. El victimismo es un arma muy poderosa, desde luego. Éste es un tema complicado que sólo responde a una virtud: el respeto.

- Descarta, completamente, un lenguaje corporal que confunda a tu interlocutor: no te toques el cabello ni te excedas en el contacto (tocar el hombro, coger las manos, abrazar…), a no ser que se trate de una actitud pública de cortesía o de una situación de ánimo, como un funeral.
- Habla al otro con neutralidad, casi con profesionalidad. La complicidad entre compañeros de trabajo es una cuerda floja.

- No te confundas: si te tienes por alguien cariñoso o efu-sivo, déjalo para tus allegados.
- Huye del ligoteo fácil que pueda complicarte la vida. Parecerá un consejo de madre, pero, sin duda, ¡es uno de los buenos! La necesidad de reconocimiento no debe basarse en destrozar tu reputación y en perder seriedad.

30

Moverse por el ring

Una de las imágenes más cautivadoras de Obama se refiere a su actuación en los debates televisados con el candidato republicano John McCain. En éstos, el demócrata añadió unos cuantos puntos a su marcador gracias a su control del espacio, su forma de caminar y sentarse, de atender a los argumentos del rival, de gesticular, de escuchar, de sonreír o fruncir el ceño de acuerdo con el tema tratado, de conversar con el público que asistió al estudio de televisión.

En un «ring» como éste u ocasión similar, el ritmo corporal y su medida son fundamentales. William Condon, especialista norteamericano en cinesis —significado del movimiento del cuerpo—, sostiene que «en formas mínimas, el cuerpo del hombre baila continuamente al compás de su discurso. Cada vez que una persona habla, los movimientos de sus manos y de sus dedos, los cabeceos, los parpadeos, todos los movimientos del cuerpo coinciden con ese compás». ¿Qué queremos sugerir con esta cita? Pues que, justamente, en una entrevista de trabajo, en un pequeño discurso, en una mesa redonda o en un desfile, hay que combinar con inteligencia las frases con los gestos y las expresiones. Sentarse o caminar siendo muy consciente del espacio, mantener un ritmo en la conversación equilibrado, utilizar el lenguaje no verbal —asentir, negar, afirmar con la mano...— para reforzar el mensaje y no para adornarlo. Una marca de elegancia consiste en saber «ondear» con los participantes en los encuentros: responder y preguntar en tandas de duración semejante.

31

Desde la tribuna

Te dan la palabra. Es hora de empezar a disertar y temes no sólo quedarte en blanco, sino hacerlo patente con notables ademanes cargados de nerviosismo, con la transpiración y con algún que otro tartamudeo. La audiencia, al frente, callada y expectante. Quizá han acudido diez personas, pero para ti superan la centena debido a tu bloqueo. Definitivamente, hablar en público resulta una piedra caliente para la mayoría de los mortales. Sin embargo, las piedras se enfrían con un poco de paciencia… y de técnica:

- Para empezar, puedes entrenarte en casa leyendo un libro en voz alta.
- Prepara un guión o, si prefieres llevar el discurso escrito en su totalidad, elabóralo en párrafos diferenciados, un cuerpo de letra lo suficientemente grande y una tipografía legible. Te servirá marcar las pausas con un rotulador, resaltar palabras o frases que pretendas enfatizar…
- Utiliza un lenguaje fluido, rico en matices y en sinónimos.
- No te perderás, al mirar a tu audiencia, si colocas una mano sobre el papel y con el dedo pulgar vas siguiendo el texto.
- En referencia a la voz: sube y baja el tono según el momento. Respira correctamente por la nariz y evita las frases muy largas; inspira y espira profundamente al finalizar.

- Si estás sentado, es mejor que no te apoyes o reclines sobre la mesa; que no escondas las manos bajo la mesa o las coloques inertes sobre ésta; que apoyes la barbilla en la mano; que muevas los pies.
- Tocarse la nariz al hablar denota inseguridad.
- Taparse la boca al hablar denota desacuerdo u ocultación de algo.
- Si estás de pie, cuidado con pasearse con agitación de un lado a otro; tampoco permanezcas estático con las manos en los bolsillos ni des la espalda; no te apoyes en la pared ni te sientes sobre la mesa.

32

La improvisación calculada: cómo ser «cool» y parecerlo

Además de fresco y carismático, «cool» tiene otra acepción en su idioma original que podríamos tomar para definir este capítulo: cómo estar tranquilo y parecerlo. Como los buenos músicos saben, para acometer una buena improvisación, la preparación se convierte en un elemento necesario. Paradójico o no, el dominio de un tema parece primordial para que podamos jugar con él, transformarlo y moldearlo a nuestro favor. Cualquier buen comunicador que se precie es consciente de que cuanto más sosegado y distendido se muestre, mejor serán acogidos él y su proyecto.

Así pues, estudia muy bien tu estrategia de acercamiento a los demás. Prepárate el tema tanto para una reunión informal como para una laboral. No hace falta que lo recites, sino que te manejes en toda su dimensión y connotaciones. De esta manera, serás capaz de empatizar, de desviar la conversación hacia derroteros que te interesen, de sacarle más jugo, de darle múltiples perspectivas. Serás capaz, en suma, de hacerlo tuyo, lo que te aportará placer y una mayor seguridad en ti mismo.

Eso sí, seguridad no significa superioridad. Tienes que dominar la situación sin aparentar control absoluto. Escucha a los demás; que lo sepas todo no significa que tengas que aburrir. Porque, recuperando el símil musical, un bajista, guitarrista, pianista... pueden deleitarnos con una *jam session*, pero si no hay un hilo melódico conductor, la improvisación nos llevará al terreno del caos, de la cacofonía. ¡No suenes mal!

33

El valor de un icono

Barack Obama, consienten y enuncian los «Popes» del diseño, ha sustituido al Che Guevara en el imaginario revolucionario. Su cara, su expresión muestran a un nuevo político, a la esperanza de un nuevo mundo para el siglo XXI. Él ha recogido el testigo de otras figuras iconográficas, esto es, Malcolm X o John Fitzgerald Kennedy, y las ha integrado en su comportamiento con excelentes resultados.

Con todo, recrear o copiar a una personalidad no siempre resulta una buena idea. No olvidemos que todas las figuras ya clásicas tienen sus admiradores y sus detractores, por lo que hay que ser extremadamente cuidadosos con los referentes que escojamos y los rasgos que queramos incorporar de éstos en nuestra vida cotidiana.

En primer lugar, es imprescindible que nos identifiquemos al máximo con el personaje. Resulta absurdo que emulemos o tomemos prestados ideas y gestos de alguien cuya trayectoria vital desconocemos y que por sus acciones o ideología pueda «comprometernos» (porque delinquía, creía en la violencia...). A continuación, hay que medir la imitación: nada de disfraces evidentes, nada de frases calcadas. La asociación deben establecerla los demás, sobre todo quienes también se sientan identificados con ese mismo personaje y reconozcan su influencia en ti. Tendrás ganada a una parte de tu entorno. Pero insistimos, es una referencia, porque tu fuerza real no reside en las vivencias de otro y el impacto social que tuvieron. Tu poder radica en potenciar tus propias virtudes y gestos.

34

Obama no es el Tío Sam

Ahora que acabamos de hablar de la identificación con ciertas figuras históricas, no podemos dejar de mencionar los inconvenientes que derivan de quedar asociado a personas o valores equivocados. La caracterización de Obama como el Tío Sam, la personificación más reconocida de Estados Unidos, es predecible y aceptable, pero también contradictoria, puesto que la imagen del Tío Sam es también la más popular de las pensadas para el reclutamiento militar, y Barack Obama se declara pacifista. Visto esto, si estás interesado en recuperar ciertas personalidades para colocarlas entre tus influencias:

- Investiga en sus biografías y recupera los aspectos que tengan que ver contigo.
- No escojas personajes con algún rasgo físico demasiado destacado; podría ocasionarte rechazo o burla.
- Ten cuidado con los personajes de ficción. A veces, las personas señalan este tipo de filias como infantiles o propias de la inmadurez o del desequilibrio (un ejemplo: querer ser como Spiderman).
- Los personajes populares de la farándula suelen tener muchos seguidores «demasiado» reconocibles... ¿Quieres ser uno más de la masa?
- Tampoco acudas a personalidades elitistas.

En definitiva, tus elecciones y admiraciones pueden aportarte tanto seguimiento como desdén, aunque con sentido común e información son una ayuda inestimable para hacerte un hueco en el imaginario colectivo.

35

Camisetas para la comunicación

Camisetas con mensaje, una moda empleada hasta la saciedad en todos los movimientos sociales urbanos del pasado siglo que ha conferido a la campaña presidencial de Obama un toque de frescura, juventud y diversión. Y también de confusión: aquella camiseta de una neoyorquina que rezaba «Obama es mi esclavo» no causó buena sensación. Ahí está la cuestión: ¿cómo saber que el mensaje te allanará el camino y no lo convertirá en un tramo pedregoso?

Tienes una cita. Estás convencido o convencida de que tu camiseta propiciará un acercamiento con la otra persona porque el lema que luces te parece irónico, inteligente y atrevido; y encima quieres que se te asocie a éste. Piensas que gustas, que eres valiente y que haces gala de tu sentido del humor. Entonces, tu cita se queda callada. Es posible que se sienta ofendida, que crea que tienes un pésimo sentido del humor, que eres bocazas y hasta hortera. Para él o ella, es de mal gusto.

Pocas cosas son tan sensibles a desgastarse o a chirriar como el humor poco contenido. En la publicidad, puede dar beneficio inmediato porque el público se engancha al mensaje. No obstante, el cansancio o el rechazo pueden ser de un alcance equivalente.

En conclusión, no te presentes a través de una camiseta. Tú no te resumes en una frase, ni en un color ni en un estilo. Y mucho menos en una situación en la que puedes desplegar tus encantos y la riqueza de tu personalidad. Una vez más, te remitimos al comienzo de esta parte del libro, en la que presentamos una serie de consejos de estilismo que puedes usar para brillar ante aquellos a los que quieras impresionar. Para bien, claro.

36

Presumir lo justo

Los expertos en psicología advierten de que tener un alto concepto de uno mismo puede suponer situar al resto de las personas en una clara e injusta situación de inferioridad. A veces nos valemos de esta conducta para ganar seguridad ante los demás, pero debemos considerar que, para los mismos terapeutas, quien presume en realidad oculta sus vulnerabilidades. Algunas muestras de ello pueden ser:

- Personas que se jactan de poseer grandes propiedades esconden carencias afectivas; pueden mantener la misma relación con su familia que con sus empleados. En ocasiones, incluso frecuentan más a sus subordinados que a sus propios hijos.
- Otras que presumen de abominables abrigos de pieles ocultan su verdadera piel, que ya está ajada. Es curioso que el principal público de éstos sean personas de edad adineradas.
- Quien se vanagloria de tener un cuerpo precioso e ir a la moda, se suelen quejar en la intimidad de no conseguir una buena pareja.
- Hay empresas que cuando van a quebrar invierten más en publicidad e imagen, para aparentar y presumir de lo contrario. Obviamente, necesitan crear confianza para atraer inversión.

Por otro lado, irónicamente, las personas que gozan de salud y belleza, de inteligencia y dinero, son tachadas de presumidas automáticamente, aun siendo unas desconocidas. Frente a todos estos prejuicios, lo mejor es mantenerse en los límites. Sabernos capaces y atractivos, y transmitirlo con simpatía.

37

El hechizo del mestizaje

Una de las particularidades positivas de la globalización es la mixtura y el intercambio cultural (cuando éste es equitativo, por supuesto). Vivimos en sociedades cada vez más heterogéneas y, a pesar de que las etapas de transición para grupos que entran en contacto y conviven no están exentas de complicaciones y malentendidos, caminamos hacia una mayor valoración de la diferencia como algo enriquecedor.

En esta coyuntura, la elección de Obama como presidente de una potencia como Estados Unidos se ha visto como un hito histórico. El político es blanco y negro, ciudadano del mundo, abierto a la novedad. Un compendio de características que reúne a las diversas partes.

El mestizaje cultural se transfiere también a nuestra apariencia y a la ornamentación de nuestra casa y de nuestros lugares de trabajo. Los detalles de otras culturas pueden reportarnos los mejores comentarios o denotar nuestra ignorancia y falta de gusto según su combinación. De nuevo, es crucial que nos preocupemos por este aspecto para no herir sensibilidades:

- Hay símbolos propios de religiones y objetos considerados sagrados porque se usan en determinados rituales que es mejor no banalizar. Los crucifijos, las alfombras que los musulmanes usan para orar, los candelabros judíos…
- Lo mismo diríamos de algunos atuendos, como el sari indio, el shador, la ruana, el quimono… Las personas

procedentes de esas culturas pueden sentir que no nos tomamos en serio su significado.

Sabemos que el mundo de la moda ha democratizado muchos elementos religiosos y culturales y los ha desprovisto de su significado, pero esto no significa que en ciertos ambientes no pueda chocar a nuestros acompañantes. De todos modos, por ambas partes, lo que se espera es tolerancia.

38

La postura del ganador

Hemos hablado en capítulos anteriores del movimiento del cuerpo y de lo que logramos transmitir con éste. Cada individuo despliega una serie propia de posiciones cuando está sentado, de pie, recostado o caminando. Es algo tan connatural a él como su firma, y revela muchos datos sobre su carácter y su situación en la vida. Una persona que está o ha estado deprimida desploma sus hombros y curva su columna vertebral, como si languideciera bajo el peso de su tristeza. En cambio, alguien que goza de energía y optimismo para superar cualquier revés cuida su espalda y la mantiene recta, con los hombros bien colocados. Una persona que se siente bien y quiere triunfar goza de distensión muscular, en lugar de quedarse contracturado por no dejar que sus músculos se tensionen y se relajen como es lo habitual. La alegría y la calma conllevan flexibilidad. En el caso de que sufras tirones o contracturas frecuentes que te impidan desempeñar tus tareas diarias y relacionarte fluidamente con los que te interesan, considera practicar una disciplina de recuperación de la postura sana. El trabajo muscular para reeducar nuestro físico mejora también nuestro ánimo, según la medicina psicosomática. Algunas disciplinas que pueden ayudarte a recuperar el bienestar son:

- Yoga.
- «Rolfing», creado por la fisioterapeuta Ida Rolf, consiste en intensos masajes de reposicionamiento muscular.

- Pilates, que trabaja en el refuerzo del tronco con varios aparatos especiales, para conseguir un buen punto de apoyo corporal.
- Osteopatía y quiromasaje. Se trata de técnicas que enfatizan en la buena colocación de la columna vertebral.
- Gimnasia postural.
- Estiramientos dirigidos.

39

Paso firme

Andar de una manera armoniosa es casi un arte. En el hombre, se espera un caminar con las piernas levemente arqueadas, los pies en dirección hacia delante, el tronco erguido, los hombros hacia atrás y los brazos caídos a ambos lados, meciéndose al ritmo de los pasos. La mujer se contoneará de forma elegante, sin exageraciones, y además ha de sortear el tipo de calzado que piense utilizar para un evento. Es decir, que el tacón condicionará su andar. Un consejo básico es no llevar tacones si no hemos aprendido a manejarlos. Es cierto que estilizan, pero pueden ser fuente de malos ratos, tanto física como anímicamente —si te dejan en evidencia—. El límite de altura lo ponen tus pies, pero los zapatos de diez a doce centímetros de tacón deben usarse sólo durante unas horas, según los médicos. Si los usas muy a menudo, tu espalda te pasará factura. La plataforma en la cuña delantera ayuda, pero el efecto muscular a largo plazo es idéntico. Los zapatos de tacón entre seis y ocho centímetros son los más lucidos y los más soportables. Con todo, tampoco es recomendable un uso prolongado. Cuando te toque llevarlos, te será útil aplicar algunos trucos:

- Camina con ellos durante un rato en la tienda; no compres nunca con prisas.
- Echa los hombros hacia atrás y levanta bien la cabeza. Los pasos tienen que ser cortos, moviendo a la vez las caderas y los brazos, con suavidad.

- Si aun así te duelen los pies, en el mercado puedes adquirir plantillas especiales para andar con tacones, o almohadillas y apósitos con burbujas.

40

Bien sentado, bien asentado

Un estudio de la Unión Europea arroja datos como que el 30 por ciento de los trabajadores europeos se quejan de dolores de espalda o que el 45 por ciento declara trabajar en posturas dolorosas o que provocan fatiga. Sentarse bien es una cuestión de salud y, dado que hablamos de nuevo de postura, de dar una imagen serena y de comodidad.

Para adoptar una postura saludable, es necesario sustituir el estatismo por el movimiento activo. Lo primero es que el respaldo de la silla tiene que permitir cierta flexibilidad, moviéndose en pequeños ángulos sobre una posición fija. Después, es muy importante no permanecer sentado en la misma postura durante mucho tiempo.

Dicho esto, si pasas la mayor parte de tu jornada laboral o asistes a un acto público sentado, la postura correcta será la siguiente:

- Con la columna erguida, porque así conserva su forma natural de S abierta. La postura curvada es perniciosa porque cargamos la columna y los músculos trabajan de forma incorrecta.
- La posición de las piernas ejerce una gran influencia sobre la postura corporal. Sentados, debemos mantener las piernas ligeramente abiertas y las dos plantas de los pies apoyadas sobre el suelo (es nocivo cruzar las piernas, aunque a veces resulte estético). El pie debe formar un ángulo de unos 90° con la pantorrilla. Las rodillas deben

formar un ángulo recto con los músculos. A su vez, la pantorrilla está en posición vertical y forma un ángulo de 90° con el muslo.

41

Tus campos comunicativos

Todos nos relacionamos con nuestro entorno en función de una especie de burbuja privada que representa el espacio —respecto a otra persona o grupo— que necesitamos para sentirnos cómodos. Este «campo comunicativo» se rige por la costumbre cultural en un porcentaje elevado, pero también depende de nuestra sensibilidad y preferencias. Puede gustarnos que nos toquen mientras establecemos una conversación, o puede irritarnos u ofendernos que el otro se permita el atrevimiento de hablarnos casi al oído, incluso en un entorno distendido. El uso que hacemos de nuestro espacio es muy importante para nuestras relaciones diarias. Una vez presencié un verdadero «baile» de acercamientos y alejamientos entre una persona latina y otra oriental. La primera está acostumbrada a conversar a unos 25 centímetros de su interlocutor, y a aderezar la charla con abundante gestualidad y contacto físico. Ante todo esto, su compañera oriental se desplazaba, incómoda, para evitar la proximidad y el contacto, poco dados en su cultura. En esta ocasión, el mensaje no sólo no llegó, sino que se convirtió en fuente de agresividad. En este sentido, podemos hacernos una idea de la distancia conveniente con el siguiente esquema del profesor de antropología de la Northwestern University, Edward Hall:

- Hasta 45 centímetros: para pelearse, conversar íntimamente o hacer el amor.
- De 45 a 75 centímetros: para discutir asuntos personales, con confianza.

- De 1,20 metros a 2 metros: es la distancia social próxima, para asuntos laborales.
- De 2 metros a 4 metros: relaciones sociales formales.
- Más de 4 metros: distancia pública, para conciertos, discursos…

42

Ovaciones y halagos

Un cumplido es como un beso dado a través de un velo», escribió Víctor Hugo. A casi todos nos gusta ser halagados. Sin embargo, los cumplidos tienen también su lado difícil, cuando no sabemos cómo recibirlos sin resultar arrogantes o cómo emitirlos sin que el receptor pueda reaccionar negativamente porque cree que el halago no es sincero o le obliga a alguna contraprestación.

Así, las reacciones ante los cumplidos son muy variadas. Según el psicólogo Francisco Gavilán, pueden ser: «Ritualísticas (el receptor hace algún reconocimiento en forma de «gracias» o sonríe); complacidas (se manifiesta placer por el cumplido); turbadoras o molestas (el receptor se sonroja o tartamudea); aceptación con enmiendas (se reconoce el cumplido con frases que minimizan su mérito); rechazo; devolución («lo mismo digo»); y confirmación. Independientemente de su credibilidad, el cumplido es una forma de conducta que tiene poderosos y positivos efectos sobre la vida personal y profesional. Hay que hacerlo nuestro cuando hemos trabajado a fondo en una presentación; cuando nos hemos cuidado de regalar algo teniendo en cuenta los gustos de la persona; cuando nos lo dice nuestra pareja o alguien que intenta seducirnos... Una sonrisa y un gracias pausado serán suficientes. Y si lo que deseamos es halagar a otra persona, debemos incluir en nuestra frase de admiración estas coordenadas:

- ORIGINALIDAD: Evita usar lugares comunes o adjetivos muy trillados como «bueno» o «bonito».
- SINCERIDAD: Reflexiona sobre las cualidades de tu interlocutor antes de hablar. El concepto que tiene de sí mismo es definitivo para que te crea.
- MODERACIÓN: Si insistes, la otra persona se pondrá a la defensiva.

43

Encaja el gol

Saber perder y mostrarse tranquilo con ello te dignifica ante la audiencia, pública o en privado. Un comportamiento iracundo, en el que físicamente demuestras acaloramiento y acabas desaliñado, te conduce al fracaso definitivo: puede que nadie vuelva a confiar en ti. Por el contrario, asumir la derrota con calma e incluso alabar a tu rival —si lo tienes—, como John McCain hizo con tanto acierto, nunca te dejará como un perdedor. Hay veces en las que controlar la rabia, sobre todo si nos hallamos en una situación especialmente injusta, es difícil, aunque no imposible. No mostramos debilidad cuando aceptamos que fallamos, sino que es un acto de valentía; es un gesto que demuestra respeto y devuelve la confianza.

Para empezar, y como bien sabemos, todas las personas tenemos derecho a equivocarnos. Competimos y no ganamos. No hay culpables y no hay que perder los papeles. Tras un pequeño fracaso deberíamos recuperar el equilibrio:

- Haciendo un poco de ayuno que libere de toxinas a nuestro cuerpo.
- Siguiendo después una dieta ligera que incluya alimentos tonificantes que nos suban el ánimo y nos relajen.
- Practicando un poco de ejercicio para liberar tensión.
- Aprendiendo a meditar o reflexionando sobre cómo hemos planteado y desarrollado lo que nos ha salido mal.

- Frecuentando a nuestras personas queridas.
- Disfrutando con nuestras aficiones.

Trabajamos sobre nuestro cuerpo para evitar ofuscarnos bajo una capa de frustración que debilita nuestras defensas, transforma nuestra postura y no nos deja seguir adelante.

44

En público y en privado

Desde luego, no te comportas de la misma manera con tu pareja o tu mejor amigo que con tus colegas o tu jefe. ¿Te reinventas para determinadas compañías y ocasiones? ¿Te pones una máscara con ciertas personas? ¿Estimas que un líder o un individuo con éxito siempre luce sus mejores galas porque un descuido lo hará resbalar del podio? Sentimos decirte que, en todos los sentidos, es imposible ir siempre vestido de domingo. Es más, una persona que no se tolera ni un mechón despeinado está casi espetando a los demás a que no le permitan cualquier atisbo de imperfección. Y, oh contradicción, la perfección es lo que nos aleja de quienes deseamos conquistar. Es muy probable que a la gente le encante que te presentes impecable alguna vez. Es posible, también, que si siempre apareces impecable, algunos puedan verte como un maniático o un tipo insípido.

Precisamos de un toque humano, aquello que nos conecta con los demás. Es el efecto «pulido y de andar por casa» de Obama. Nos hace falta saber que no sólo se coloca con acierto un buen traje, sino que es capaz de quedarse en mangas de camisa porque hace calor o de pasearse en ropa deportiva de camino a su gimnasio. Podemos hasta imaginarlo cómodamente sentado en su casa, en bata y pantuflas.

Tienes que perseguir la dimensión humana y vestirte para la ocasión, como ya hemos explicado en los primeros capítulos de este libro. En público y en privado, que tú lleves puesta la ropa, no que la ropa sea lo único que se vea de ti.

45

Fregar los platos

No estás acostumbrado a algunas actividades y resulta que llegas a un lugar en el que colaborar en cumplirlas es signo de buena educación y agradecimiento. Barack Obama confesó que, pese a que no lo hacía a menudo, fregaba los platos en casa. Claro, en ambientes íntimos, la cuestión de colaborar es fácilmente abordable y negociable. Pero ¿qué ocurre en las citas públicas, con sus convencionalismos?

- En una entrevista de trabajo, por ejemplo, entrevistador y entrevistado no se ayudan mutuamente a ordenar su documentación, o a despejar el escritorio, o a colocar las sillas.
- En una cena en un restaurante, en la primera cita, no recoges platos, cubiertos y vasos para que se los lleve el camarero.
- En una cena de trabajo, no repartes los platos de parte a parte de la mesa.
- En un cóctel, tampoco tomas la bandeja de canapés y te paseas para que se sirvan los asistentes.
- En casa de conocidos (que no amigos), no te levantas por tu cuenta a coger algo de la cocina.
- En una comida en casa ajena, no te pones a fregar los platos. A lo sumo, cooperas en retirar la mesa.
- En una mesa redonda, no pasas tú mismo el micrófono entre el público que quiera plantear alguna duda.
- En un espectáculo con butacas numeradas, no haces de acomodador para desconocidos.

- A la salida de un encuentro, no sujetas la puerta a más de dos personas que vienen tras de ti.
- En una tienda de ropa, ni lanzas las prendas a un montón ni te afanas en doblarlas perfectamente.

Y así, podríamos aportar cientos de ejemplos. En conclusión, hay situaciones en las que debemos asumir el rol de invitados o asistentes, y colaborar puntualmente.

46

Un largo paseo

Planear nuevas actividades, diseñar una estrategia, refle-xionar sobre tu forma de vida o cómo gestionas tu tiem-po libre y tus relaciones personales y de trabajo requiere de momentos para ti mismo, quizá en un cálido espacio o en una zona por la que puedes dar un inspirador paseo, como hacía Obama para preparar su carrera electoral, costumbre que añora en estos momentos en los que su cargo ya no se lo per-mite.

Lo que está claro es que las grandes decisiones, en un espa-cio u otro, demandan poder concentrarse, y que para eso tene-mos que emplearnos a fondo en acondicionar un lugar o en es-coger adónde nos trasladaremos.

En tu casa u oficina:

- Rodéate de colores neutros, como el blanco, el amarillo o naranja pastel, el verde claro...
- Dispón de una butaca, silla o sillón confortables.
- Si te apetece, coloca alguna alfombra mullida y lisa, sin dibujos o estampados extravagantes.
- En la misma línea, intenta no sobrecargar el ambiente con demasiados detalles decorativos.
- Cuida la iluminación: varios puntos de luz graduables o, si es posible, luz natural, son lo más adecuado.

Para caminar:

- Un parque de tu ciudad donde encuentres zonas de césped. Puedes llevarte una toalla o similar para sentarte o tumbarte. Es mejor evitar el papel de periódico, por su desagradable ruido.
- Puedes acomodarte en un banco, en un sitio fresco sin sol directo.
- Usa calzado cómodo y correspondiente a la estación del año.
- Tómatelo con calma; haz pequeños descansos.

47

Un todoterreno familiar

Por desgracia, nuestro sistema económico, basado en el consumo y en la publicidad, nos hace percibir algunas de nuestras pertenencias como símbolos de estatus, más allá de su utilidad. Es verdad que muchos compran objetos en función de la apariencia y del caché social que le reportan, pero también hay quienes compran por practicidad y por necesidad. Y, tal vez, ésta es la tendencia más aconsejable, porque también nos ayuda a no vivir con cosas superfluas y por encima de nuestras posibilidades. Así pues:

- Una casa enorme para nosotros solos puede tener razón de ser si pensamos en formar una familia. Si, encima, pasamos tanto tiempo en el trabajo o en otras actividades que no pisamos nuestro hogar, es absurdo mantenerlo.
- Un coche creado para largas distancias, con una potente carrocería y un tamaño que nos complica el aparcamiento en la ciudad es una apuesta fallida, cara y que contamina si sólo lo usamos en la ciudad.
- Comprar en las tiendas más caras sin ni siquiera considerar el pequeño comercio o las tiendas de gama media, o los *outlets*, no siempre es sinónimo de calidad.
- Apuntarnos al gimnasio más caro cuando lo único que necesitamos es una bicicleta estática no tiene sentido.
- Rechazar comernos un bocadillo de manera informal…

Son acciones que pueden dar una impresión errónea de nosotros. Tú no eres lo que tienes; de hecho, ser y tener son verbos distintos. Compra en consonancia con tus inquietudes, sueldo y una forma de vivir lógica. Lo grande, más que engrandecerte, puede hacerte sentir muy pequeño.

48

Para la relación versátil

Quieres poder departir con cualquiera? ¿Divertirte en marcos completamente opuestos? ¿Bucear muy a gusto de una propuesta a otra? Entonces debes emplearte a fondo en tocar muchas puertas. Un acompañante divertido es una persona que se atreve con la variedad, que no teme hacer el ridículo y que se muestra dispuesto a aprender para enriquecer cada día, sobre todo su tiempo libre.

Enumera tus aficiones. Si ya por ti mismo eres de los que se apuntan, sin incentivos, a cursillos, talleres y creaciones varias, has superado la primera fase. Por el contrario, si eres de los que afirman no tener ninguna afición, tendrás que «rascar» e investigar. El que se aburre posiblemente acabe por aburrir a los que están con él. Atención a estas sugerencias para animar y animarte:

- Bailes de salón. Un poco de tango, bailes latinos como la salsa, el merengue o la bachata, hip hop…
- Ajedrez, parchís, póquer, dominó, Trivial Pursuit. Los juegos de mesa amenizan una buena velada o reunión.
- Dibujar, pintar. A otros, con otros y con niños.
- Escribir. Un curso de escritura creativa o de guiones facilita la correspondencia con allegados y conocer a gente en internet, puesto que es una gran herramienta de expresión.
- Leer en voz alta con las pausas y la entonación correctas.
- Cantar.

- Interpretar algún papel o escena para un juego.
- Cocinar y aprender a preparar la mesa.
- Coser y bordar.
- Trabajos manuales.
- Montar a caballo, practicar el senderismo.
- Recoger setas y plantas medicinales.
- Cultivar tu propio huerto…

49

¿A qué hueles?

Hemos iniciado este bloque reflexionando sobre la importancia de una buena higiene y de los aromas que nos presentan. En general, en la comunicación subestimamos el poder de la nariz como receptora de mensajes. Esto sucede porque nos mostramos bastante reacios a analizar el olor del espacio y de la gente que está con nosotros. De hecho, vivimos en una sociedad que se afana en camuflar los olores naturales, en reemplazarlos por otros artificiales. No obstante, en algunos casos estamos convencidos de que prefieres que alguien huela a agua y jabón, a que despliegue el aroma de un perfume intenso y empalagoso.

La idea es aprovechar esas fragancias naturales con connotaciones positivas para nosotros y los que nos rodean, puesto que los olores actúan como un valioso resorte para despertar recuerdos y pueden llegar a reconfortar a quien nos acompaña, y a reforzar nuestra seguridad en un evento. En este sentido, resultará de utilidad elaborar una lista en la que asociemos aromas a emociones, con el fin de adaptar cada olor a una ocasión en la que queramos transmitir ese sentimiento. Por ejemplo:

- Jabón de coco. Juegos con niños o compañía de un anciano. Deja unos cuantos en el baño de tu casa para rememorar la calidez familiar.
- Limón. Verano, frescura, diversión. La piel macerada de un limón en un pequeño recipiente en el vestíbulo ofrece una buena bienvenida.

- Miel. Reunión para la merienda, descanso en un ambiente caldeado. Unas velas de miel, sin parafina, dan un toque delicioso.
- Café. Una mañana de domingo, un encuentro familiar o con amigos. Preparar café o encender unas barritas de incienso son suficientes.
- Ramita de hierbabuena. Salud, limpieza.
- Rosas frescas. Una cita romántica, un jardín urbano.
- Azahar. La primavera después del invierno, la música.

50

Despedida del grupo

Cuando tenemos que enfrentarnos a una audiencia o a un grupo de conocidos, tal vez los momentos que más desazón nos causan son la bienvenida y la despedida. Los besos de rigor en un encuentro de más de cinco personas pueden convertirse en una situación cómica. De todas maneras, si existen lazos de más intimidad con ellos, besar es imprescindible para no caer en la frialdad o para no dar la impresión de que estás disgustado o dolido con el grupo. También deberás tener en cuenta dónde tiene lugar la reunión; en un bar o espacio más reducido, el esfuerzo exagerado para lograr propinarse un beso o un abrazo a veces aconseja una una sonrisa y un saludo efusivo con la mano. Es interesante remarcar la cuestión cultural en saludos y despedidas: no en todos los países se agasaja de la misma manera; hay personas que incluso se sentirían terriblemente intimidadas ante el contacto físico. Por favor, asegúrate de ello. Así, franceses y holandeses dan tres besos en las mejillas; los italianos empiezan a besar por la mejilla derecha, etcétera.

¿Qué sucede cuando apareces en la tarima o escenario? Habitualmente, esperas a que cesen los aplausos con suaves gestos con las manos o asentimientos de agradecimiento y dibujas una breve sonrisa. Si el discurso ha sido satisfactorio, podrás levantar el brazo y saludar con énfasis o dar las gracias en voz alta dentro y fuera de micrófono. En un ambiente más serio, puedes saludar con la cabeza.

Por último, un buen sistema para retirarse de una interminable reunión en la oficina consiste en comenzar a retirar documentos de la mesa e ir guardándolos en una carpeta o cartera hasta que el resto de colegas se contagien de tu actitud y acabe por levantarse la sesión.

SEGUNDA PARTE

EL ALMA COMUNICATIVA

51

El discurso vs. la demagogia

La demagogia, definida como «estrategia política que consiste en apelar a emociones (sentimientos, amores, odios, miedos, deseos) para ganar el apoyo popular, frecuentemente mediante el uso de la retórica y la propaganda», ha arrastrado hacia sí grandes prejuicios en los últimos tiempos. Al estar asociada a la estimulación de las ambiciones y sentimientos de la población, sobre todo se ve como una estrategia de manipulación que esconde promesas irrealizables. A pesar de ello, no deja de ser una herramienta que, utilizada con inteligencia y mesura, puede enriquecer nuestro discurso. En resumen, es importante que aprendamos a «enganchar» a nuestra audiencia, sea en una cita o en una muestra mundial de un nuevo producto. Tenemos las técnicas, lo único que nos falta es ponerlas en práctica con una buena dosis de honestidad. Quien mucho abarca, poco aprieta, así que cuídate de lanzar propuestas que no podrás cumplir y que te dejarán en evidencia.

Algunas formas de demagogia que puedes introducir en tu discurso serían:

- Manipulación del significado. Las palabras, además de un sentido denotativo, tienen un sentido connotativo que añade ideas y opiniones, muchas veces de forma bastante inconsciente. Escoge bien las palabras según el contexto y tu relación con la audiencia, para conmover, alegrar...

- Omisión. Elude posibles problemas o dificultades, sin llegar a mentir.
- Despiste. Esta táctica consiste en desviar la discusión si no dominas el tema, no respondiendo directamente a las preguntas.
- Falso dilema o falsa dicotomía. Presentas dos puntos de vista alternativos como las únicas opciones posibles. Un ejemplo sería «estás conmigo o contra mí». De esta manera, no das cabida a más posibilidades que puedan alejarte de tu objetivo.

52

El diálogo vs. el monólogo

Tal como decíamos en el capítulo anterior, disponemos de técnicas y fórmulas para saber construir y conducir un buen diálogo, independientemente de que participemos como orador. Debemos recordar que incluso la persona que enuncia un discurso debe estar atenta a la reacción del público, respuesta que ya se ve como una especie de diálogo no verbal. Además, previo al intercambio con otros, eso sí, debes analizar si eres bueno dialogando contigo mismo, puesto que saberte escuchar y proponerte soluciones resulta necesario para hacerlo con los demás. Lanzamos algunos consejos para establecer el buen entendimiento:

- Distinguir lo opinable de lo que no es opinable. Hay temas que son patrimonio de un experto o que, simplemente, es mejor no tocar.
- No discutir es un requerimiento básico para una diálogo sano.
- Mantener una actitud abierta frente a los prejuicios te permitirá sentirte compatible con los demás.
- Ser positivos al exponer nuestra idea.
- No atacar por norma. Estar a la defensiva o entender el diálogo como una lucha es un concepto estéril.
- Facilitar que los demás hablen y expongan sus puntos de vista.
- Evitar los tópicos o las expresiones que el interlocutor no pueda comprender.

- Saber escuchar.
- Desear intercambiar conocimientos y aprender de las personas.
- Esforzarse en pronunciar bien para que no se pierda el mensaje.
- Ser audible y agradable. Que te escuchen bien y a un volumen adecuado.

53

Contesta al pueblo

Qué difícil te resulta replicar cuando no estás entrenado en el juego de la dialéctica o los nervios te juegan una mala pasada. ¿Qué es una buena respuesta? ¿Cómo se las apañan los que tienen respuestas para todo? Hemos recopilado algunas preguntas y las posibles ideas para elaborar respuestas para una de las situaciones que coronan la lista de los malos tragos: la entrevista de trabajo. El esquema es el siguiente:

—*¿Por qué dejaste tu trabajo anterior?*

No critiques a tus ex jefes o compañeros. Muéstrate como una persona que persigue nuevas metas y que quiere superarse.

— *¿Qué puedes aportar a este puesto?*

Cuidado con prometer más de lo que puedes garantizar. De hecho, es aconsejable no dejar todas tus habilidades al descubierto. Y mucha atención en cuanto a describir supuestas tareas del puesto sin conocer a fondo el funcionamiento de la empresa.

—*¿En qué sueldo piensas?*

No des cifras, alude a las responsabilidades del puesto y a lo que se suele pagar en el mercado laboral. Interesa ser flexible, pero sin cesiones. Insiste en que estás abierto a posteriores negociaciones.

—*¿Quieres tener hijos?*

Si eres hombre, fundar una familia te da méritos (o eso se desprende del comportamiento de los que emplean). Si eres mujer, puedes dejar claro que se trata de una cuestión personal que respondes por cortesía, pero sobre la que tu opinión puede variar. Es preferible demostrar que te sientes incómoda ante la pregunta antes que negarte a responder.

54

Multilateralismo

Mucho se ha oído y escrito este término desde que Barack Obama ganó las elecciones. En política internacional, unilateralismo y multilateralismo son conceptos referidos al conjunto de decisiones que un estado adopta motu proprio o contando con otros estados u organizaciones respectivamente. Ahora que Obama llega a la Casa Blanca, el mundo espera con ansia que Estados Unidos abandone el unilateralismo de la etapa Bush para interaccionar más por el bien común.

En nuestro devenir cotidiano, la capacidad de interacción también es un bien que conviene desarrollar. Si ya creamos robots sociales que puedan comunicarse, motivar y aprender, ¿por qué no nos empeñamos en crecer en la comunicación efectiva?

Desde que estamos en el vientre materno, los sonidos y estímulos varios afectan a nuestro crecimiento y a nuestra actitud en nuestros primeros años de vida, según la ciencia. Dicho esto… ¡tenlo muy en cuenta a la hora de relacionarte con tus hijos! Del entorno familiar emerge una parte de las habilidades que en nuestra etapa adulta se convierten en aliados para ampliar nuestro círculo de amistades, para ligar o para convencer de que somos las personas adecuadas para alguna responsabilidad.

De todos modos, la capacidad de interactuar, cuando ya nos vemos envueltos en asuntos laborales y personales propios, debe alimentarse. ¿Eres tímido o te cuesta conectar con los demás? Pues es tu turno de…

- Recuperar y trabajar en la autoconfianza, en sentirte más seguro para acercarte a los demás sin temer el rechazo.
- Ampliar tus conocimientos en aquellos temas que puedas compartir.
- Alejar el pesimismo de tu mente; es una actitud que provoca aislamiento.
- Aceptar que puedes equivocarte.

55

¿Sabes escuchar?

Tras los enunciados del capítulo anterior y algunas alusiones a lo largo de estas páginas, llegamos por fin a este punto, que merece un tratamiento específico. Estar en sociedad implica comunicación, lo que no sólo significa saber hablar y relacionarse, sino, por encima de todo, saber qué quieren los demás (en su vida y de nosotros). Escuchar es un poder que nos permite conocer a los demás, equivocarnos menos, y ganar amigos y oportunidades. La intención de Obama de «escuchar» a quienes no le han votado le dota de un valor tan importante como la tolerancia.

¿Para qué te sirve escuchar a los demás? Pues para obtener su apoyo, nada menos. Para influir sobre tu prójimo necesitas conocerlo y saber qué lo motiva. Además, te presenta como una persona amistosa y te permite reconocer a la gente conflictiva más rápidamente. Cuando escuchas, se abren nuevos horizontes, nuevas personalidades y muchas posibilidades de aprender. Así pues, presta atención a tu interlocutor; no interrumpas; respeta los silencios (que son estupendos para analizar la conversación y sacarle más jugo); controla tus impulsos ante un tema del que discrepes; usa un tono de voz conciliador; no critiques a gente ausente ni rechaces de plano un tema; habla lo necesario; y presta especial atención al lenguaje no verbal, que te dará pistas de apatía o simpatía por parte de tu interlocutor. Porque una comunicación fluida va de la boca al oído y viceversa.

56

Somos asertivos

S eguimos en la onda de la comunicación satisfactoria con una traza absolutamente imprescindible, la asertividad. Somos asertivos cuando poseemos la habilidad de expresarnos y comunicar nuestros deseos con amabilidad y franqueza, siendo abiertos y directos, sin caer en la dureza y el ataque verbal. Asertividad equivale a decisión y negociación, y se opone radicalmente a pasividad y agresividad. Nos confiere el poder de saber pedir y saber negar, hacer y recibir cumplidos y quejas. Cultivar la asertividad no es fácil, pero como todo en el mundo de la actitud, es posible con la práctica.

Aprenderemos a negociar si definimos muy bien nuestros objetivos y nos esforzamos en no perderlos de vista. Algunas cosas pueden distraernos, como las emociones, por lo que tendremos que trabajar también en relativizarlas. Para hablar con otro, también debemos evitar los juicios previos y procurar describir hechos concretos, junto a nuestros sentimientos y pensamientos sobre el tema. Será entonces cuando dejemos claro que no pedimos comprensión ni aceptamos críticas ni descalificaciones, sino que informamos de lo que queremos con aplomo y respeto.

Si lo precisamos, la psicología nos provee de dos reconocidas técnicas a las que podemos echar mano:

- El banco de niebla o aceptar en un principio. Frases como «puede que tengas razón, pero…» o «de acuerdo, pero también…» son ejemplos.

- El disco rayado, técnica que consiste en retomar el diálogo en el punto donde hemos sido interrumpidos o repetirlo desde el principio para fijar nuestra idea.

57

Querer es poder (o el sueño americano)

Sí, Barack lo tenía todo en apariencia para ser apeado de la carrera presidencial. Y superó ese «todo» moldeándolo a su favor. Deshazte de complejos. Aunque partas con desigualdades, el triunfo también puede ser tuyo si sabes aprovechar tus recursos. Los estadounidenses creen firmemente en que cualquiera puede nacer mendigo y llegar a lo más alto si sabe luchar. El sueño americano es el rechazo más a los complejos. La resignación es el verdadero fracaso.

Seguramente, quienes tienen complejos que los bloquean piensan que los guapos y seguros de sí mismos son los grandes triunfadores del mañana. Se equivocan, puesto que sobreestimarse, es decir, atribuirse méritos inexistentes, es tan perjudicial como infravalorarse.

Analicemos entonces las causas de los complejos y veamos cómo suavizarlas:

- Eres enclenque o gordo. Ponte en forma con dedicación: todos podemos adaptarnos a otro estilo de vida que priorice una buena alimentación y un programa de ejercicios corporales tonificantes.
- Te ves feo. Los cánones de belleza no deben marearte. Si no estás a gusto con tu apariencia, visita a una especialista en imagen. Además, llevar una vida sana aportará a tu rostro una agradable y atractiva calma. Cultivarse intelectualmente te ayudará a sentirte mejor contigo mismo y hará que los demás no se fijen sólo en tu físico.

- Eres hipersensible. Para afrontarlo, la mejor solución pasa por hacer terapia o asistir a cursillos que te ayuden a aprender a dominar las emociones, a interiorizar lo que dicen los demás y quitarle hierro, y a ganar confianza en ti mismo.

58

El poder de querer

No somos nada ni sabemos hacia dónde queremos enfocarnos si no planeamos, si carecemos de objetivos vitales. Sobre esto, el terapeuta Rafael Hurtado Domínguez cuenta: «El motivo por el cual una de cada diez personas en el mundo alcanza el éxito en la vida es que ha establecido correctamente sus objetivos de vida. En otras palabras, ha tenido muy claro el conjunto de actividades que puede realizar a lo largo de su existencia y que engloban, de manera integral, todos los aspectos importantes que le proporcionan felicidad».

Podemos experimentar un agudo temor en aquellos momentos en que nos ponemos a pensar en cuál puede ser nuestra misión en la vida. Pero no hay que tener miedo. Un barco está hecho para navegar y, al hacerlo, corre cierto riesgo de hundirse. Pero si el barco se queda en tierra firme, se enmohecerá y perderá su utilidad.

Solemos plantearnos mejor lo que deseamos cuando somos adultos, pero, a veces, muchos de nosotros pensamos ya que se nos ha pasado el arroz para emprender algún sueño. En parte y dependiendo del objetivo, esto puede resultar cierto, pero en muchas ocasiones nuestro pesimismo aparece también como una gran excusa que nos oculta el buen camino. Lo que sí es grave en la vida de cualquiera de nosotros es, justamente, no trazar ningún objetivo que nos mantenga ilusionados y activos.

No seamos derrotistas si ideamos algo y nunca lo vimos

finalizado. A buen seguro, ahora forma parte de nuestro bagaje personal para deslizarnos por la vida y volver a intentarlo. No en vano, un proverbio chino afirma que «Un viaje de diez mil kilómetros empieza por un solo paso».

59

Creador de ilusiones

Levantarse después de una decepción o un duro golpe. Animar a alguien que está pasando una mala racha. Entusiasmar y hacer que te sigan y beban de tu optimismo. ¡Suena tan bien…! Barack Obama ha creado un verdadero «movimiento» que ha seguido su ascensión, un nutrido grupo de personas que se han visto contagiadas por los éxitos sucesivos de su líder y por las esperanzas que éstos despertaban en ellos.

Un buen animador congrega a muchas personas a su alrededor. Creer que es posible es un sentimiento que se traslada con facilidad, sobre todo porque los que nos acompañan tienen la necesidad de sentir optimismo. Sin embargo, se trata de una energía que debemos calcular. Regalar optimismo, sí, pero en dosis que sean lo suficientemente contenidas para que no nos agoten ni nos dejen deprimidos; en dosis, de nuevo, que sirvan para mantener el interés ajeno. Las personas demasiado optimistas también pueden transmitir frustración a aquellos que lo ven como un estado imposible para ellos mismos.

El psiquiatra español afincado en Nueva York Luis Rojas Marcos estima que el 85 por ciento de la población es optimista, y también resume las claves del optimismo en el siguiente decálogo que puedes aplicar:

1. Conócete bien.
2. Plantéate metas posibles.
3. Sé tú mismo.
4. Pon en marcha un proyecto de vida.

5. Sé constante y disciplinado.
6. Apóyate en una jerarquía de valores y sé coherente en tus decisiones.
7. Mantén el equilibrio entre lo que te dice el corazón y la cabeza.
8. En las situaciones críticas, usa tu sentido del humor.
9. Equilibra tus responsabilidades.
10. Ten una vida social estable y comunicativa.

60

Cree en ti mismo

La autoestima no consiste en alardear de lo maravilloso que eres, sino, más bien, en reconocer que vales mucho (de hecho, ¡eres único!). No se trata de pensar que eres perfecto, sino de saber que eres digno de ser amado y aceptado. Te ayuda a mantener la cabeza bien alta y a sentirte orgulloso de ti mismo y de lo que puedes hacer. Te proporciona valor para experimentar cosas nuevas y el poder de creer en ti mismo. Te permite respetarte, incluso cuando cometes errores. Y cuando te respetas a ti mismo, por lo general, los demás suelen respetarte.

Al quererte, valoras tu seguridad, tu salud y tus decisiones, y no te dejas arrastrar en situaciones que sabes que no te convienen, y en las que participarías consciente o inconscientemente si no te valoraras. Lo que sucede es que la autoestima es uno de los sentimientos más difíciles de preservar. Por desgracia, no creer en ti mismo priva al mundo de tus encantos. Te invitamos, por lo que a ti y a todos respecta, a seguir unos cuantos consejos para equilibrar tu autoestima:

- Haz una lista de las cosas que se te dan bien. Luego añade algunas cosas que te gustaría hacer bien, y busca la forma de desarrollarlas.
- Elógiate tres veces al día. Antes de ir a dormir, enumera tres cosas que te hayan hecho realmente feliz ese día.
- Acepta lo que no puedes cambiar.

- Recuerda que tu cuerpo es tuyo y que tienes detalles que te gustan.
- No te autodesanimes con comentarios negativos. ¡Déjate en paz!

61

La paciencia tiene premio

Si concibes tu vida en función de la creencia de que a los demás no les cuesta nada seguir adelante y cumplir sus objetivos, estás muy equivocado. Más allá del esfuerzo y de la suerte, existe una virtud que te permite alcanzarlo (casi) todo: la paciencia. ¿O no nos pasamos la vida educándonos para ser algo el día de mañana? ¿O no mantenemos la disciplina de una dieta para lucir mejor y sentirnos bien? Un buen ejemplo de paciencia serían los gimnastas, que se preparan concienzudamente para cada competición durante meses o, incluso, años. De ahí que, para autoeducarnos en la paciencia, recurramos a ideas muy similares a las que se utilizan en gimnasia:

- No se realiza con perfección un ejercicio (ni casi nada en la vida) a la primera. Si la primera vez nos sale bien, estupendo, pero no debemos acostumbrarnos a ello. Además, no podemos negar que algo que cuesta suele valorarse más.
- No se puede desear quererlo todo y ahora. O viviremos eternamente frustrados.
- Hay que aceptar los defectos sin claudicar ante ellos. Porque podemos superarnos.
- Además, hay que tener paciencia con los defectos de los demás; casi siempre solemos exagerarlos y convertirnos en víctimas.
- No se trata de no caer nunca, sino de levantarse siem-

pre. No pierdas el tiempo en lamentarte: empléalo en mejorar.

- Es importante ser realistas: sólo podemos ganar aquello que está a nuestro alcance.

62

Un plan bien delimitado

La planificación se lleva a cabo de manera empírica en muchas situaciones cotidianas, y de manera muy seria y formal en organismos e instituciones. Pero planificarse en el ámbito cotidiano y personal también es una de las claves del éxito, ya que evita agobios y tensión por no poder cumplir con obligaciones y con actividades para el disfrute propio. En esta línea, he aquí diez buenas claves para organizarse el día:

1. Establece, siempre que puedas, lapsos exactos de tiempo para cada actividad. A qué hora comenzará y en qué momento terminará, para evitar distracciones.
2. Busca tiempo para ti mismo. El tiempo que reservas para ti tiene la misma prioridad que el que dedicas a otros.
3. Enlaza las diversas tareas que realices a lo largo del día.
4. Define un extra de tiempo para realizar una tarea. Si piensas que te llevará 30 minutos, planifica 45 minutos para hacerla.
5. Anticipa la fecha de finalización de un proyecto para tener margen para repasarlo.
6. Haz las tareas más costosas e importantes primero, antes de sentirte más cansado.
7. No planifiques todo tu tiempo disponible, sólo el 70 por ciento del día. El otro 30 por ciento es para imprevistos.

8. No pierdas de vista tus objetivos cuando planifiques, tanto a corto como a largo plazo.
9. No dejes de lado los aspectos personales. Tus aficiones son parte de tu vida, no sólo las obligaciones.
10. La mayor prioridad a la hora de organizar es disfrutar de cada instante de tu vida.

63

El autocontrol

Lo primero que se nos puede venir a la cabeza en relación a alguien que ha soportado casi dos años de desafíos políticos es que tiene un aguante considerable. En otras palabras, que disfruta de un gran autocontrol emocional. Esta cualidad es la que nos facilita controlar nuestras emociones, antes que éstas acaben por condicionar cada aspecto de nuestras vidas. Nosotros somos quienes amasamos nuestros deseos y actos siguiendo pequeñas y grandes elecciones que nos conducirán a la satisfacción y a momentos felices, a pesar de acontecimientos externos más o menos graves. De hecho, es la interpretación que hacemos de esos acontecimientos lo que puede empujarnos o hundirnos en la inquietud y el dolor.

Lo que pensamos define nuestra forma de ser y de ver la vida, y si aprendemos a controlar nuestros pensamientos podremos posiblemente controlar de forma positiva nuestras emociones. Por eso, debemos desprendernos de ideas irracionales o pensamientos distorsionados como:

- La falta de autovaloración y de aceptación del propio cuerpo.
- La dependencia psíquica y la necesidad constante de aprobación de los otros.
- Vivir en el pasado o anticipar el futuro, y pasar por alto el devenir cotidiano.
- La culpabilidad, la preocupación, la depresión o la obligación.

- Ser perfeccionistas hasta la frustración.
- Los prejuicios, la rabia o la envidia insana.
- Creer que cada uno posee algo sólo porque tiene más o menos suerte.
- El victimismo.

64

El mensaje positivo

Lo que dices puede ser interpretado como una queja, una crítica, rencor, estupidez, una rabieta... o puede recibirse como palabras que animen, halaguen, añadan algo nuevo y valioso. Deja de quejarte y fíjate en cómo un discurso lleno de buenas intenciones es recordado y seguido más que cualquier pataleta. En tu entorno más próximo o cuando coincides con varias personas en un ambiente más formal, lanzar cumplidos y emitir juicios e ideas positivos son tácticas efectivas a la hora de ganarse la simpatía general y de hacer más satisfactorias las relaciones sociales. Como ejemplo, las siguientes frases sirven para aumentar la simpatía: «Te favorece ese peinado»; «Tienes buen gusto para elegir la música. Podrías aconsejarme»; «Me gusta que hayas venido»; «Tu trabajo tiene puntos muy interesantes»... Otros métodos tradicionales de emitir mensajes positivos, que hemos descrito en la primera parte de este libro, son las señales no verbales, como afirmar con la cabeza, estimular con la mirada, inclinarse hacia la otra persona, la orientación del cuerpo, etcétera. Todo ello comunica al otro que has oído y escuchado a tu interlocutor, que además te interesa los que dice y que estás de acuerdo con él. Pero, ojo, porque elaborar un discurso agradable está a un paso de la adulación. Los halagos vacíos no son mensajes positivos, y son muy fáciles de detectar. Para resultar creíble y simpático, es mejor desplegar temas de conversación afines en los que te sientas cómodo y no tengas que fingir. Por encima de todo, ser tú mismo es lo que atrae a los demás.

65

Témplate, concéntrate

No importa si estudias medicina o si estás aprendiendo a jugar a la oca, si estás preparando un *speech* o una estrategia empresarial que puede traducirse en beneficios extraordinarios. Los objetivos necesitan de templanza, requieren del arte y de la práctica de la concentración. Si te das cuenta de que estás leyendo un texto y, de repente, descubres que no tienes idea alguna acerca de lo que acabas de leer, o si tienes dificultad en prestar atención a lo que te explican, estas técnicas pueden ayudarte:

- Establece una rutina positiva para acostumbrarte a programar tu trabajo, a leer con atención o a estudiar.
- Trabaja en un ambiente silencioso o con música agradable. Quizá es más recomendable tener de fondo melodías sin letra, que no llamen nuestra atención en exceso.
- Haz descansos cada cierto tiempo, en un sitio distinto al del trabajo y optando por una actividad diferente. Cuando pases demasiado tiempo sentado, ve a dar una vuelta.
- Evita «soñar despierto», es decir, no te despistes.
- Antes de una reunión, examina el orden del día e infórmate de los temas para que puedas anticiparte a las ideas principales que se expondrán y no perder el hilo.
- Relájate y adopta una postura cómoda.
- Busca detalles que incentiven tu atención. De esta mane-

ra, conseguirás introducirte en el tema y sacarle más provecho.

Cuando aprendas a concentrarte, cualquier tarea te resultará más llevadera y te sorprenderás de tu capacidad de retener datos y ampliar conocimientos.

66

Más respeto

La periodista e investigadora en comunicación estadounidense Flora Davis califica la interrupción como «un intento de dominar, una clara evidencia de agresividad». Al ser interrumpidos, pensamos que el otro no quiere escuchar nuestros argumentos, lo que puede derivar en una pelea o en, simplemente, tirar la toalla. Interrumpir nos niega cualquier acercamiento a los demás. No dejamos hablar, por lo que la gente interpreta que no nos apetece relacionarnos en absoluto. Por otro lado, la interrupción se considera una gran falta de respeto que causa inseguridad y angustia en los que están a nuestro alrededor. Imagina que un amigo te cuenta sus penas, en busca de consejo o consuelo, y que no paras de interrumpirlo. Puede que, justamente, te muestres ansioso por ayudarle y por eso no le dejes completar sus argumentos. Pese a tu buena intención, el resultado es el contrario: tu amigo tal vez no recurra más a ti, porque no puede desahogarse.

El respeto es una cuestión de empatía. Ponte en el lugar del que te habla, piensa en cómo siente y cómo necesita expresarse, y cómo tus continuas interrupciones destrozan su discurso. Cuanto más respeto ofrezcas, más respeto ganarás.

Como líder, ganar respeto implica ganar también credibilidad. Cuando valoras el trabajo de tu equipo, creas una visión común en la que incluyes los puntos de vista de los demás y estás abierto al diálogo, das la impresión de persona tan competente como afable y, sobre todo, respetuosa.

67

Modestia, sí

En la mente de los clásicos, la modestia era el complemento de la sabiduría, una virtud necesaria para avanzar y alcanzar el éxito y, al mismo tiempo, una forma de templarlo cuando éste perjudicaba a la persona. Sí y no. La modestia, en su acepción de moderación, control o gobierno de una cosa o actitud puede resultar positiva para la persona. Con todo, cuando ser modesto borra de un plumazo cualquier intento de superación y mejora de la autoestima, se convierte en un monstruo absurdo que tiene más que ver con una educación represiva que con el crecimiento personal. La modestia como templanza es bienvenida cuando nos anima a ser humildes para seguir queriendo superarnos cada día; cuando nos empuja a saber más; cuando indica moderación en el comportamiento y las costumbres: que llevemos una vida saludable, exenta de vicios que no nos convienen, o cuando nos orienta hacia una forma de vestir que destaque nuestro atractivo sin estridencias ni vulgaridad.

La humildad es un requisito indispensable para el verdadero aprendiz, pues mucha de su disciplina se basa en que es consciente de que su conocimiento es limitado y de que desea controlar esta carencia. Con este fin, buscará maestros, leerá más y se relacionará con énfasis. En el caso opuesto, la mente arrogante piensa que, por saber mucho de algún tema, puede hablar con propiedad de todo. Ahí es donde debería entrar en escena la modestia.

68

Inteligencia: el intelectual contenido

Los analistas políticos estadounidenses han debatido largo y tendido sobre el aparente rechazo de los votantes por los candidatos cuyo perfil intelectual era respetablemente alto. A la gente, podríamos concluir, no le gustan los «sabiondos». Y no porque, como afirman algunos periodistas, odien sentirse inferiores en conocimientos o porque prefieran lo populachero. Más bien se trata de un tema de comprensión. Llegar a la masa o a una sola persona depende de cómo empleemos las palabras. La inteligencia es útil porque debe aproximarnos a los demás; utilizar todo lo que sabemos nos hace más versátiles para poder departir con gentes de todo tipo. Sin embargo, muchas personas intelectuales son incapaces de empatizar y de intentar conectar con otras personas menos instruidas. Y por si fuera poco, aun pretenden que todo el mundo les respete por ello. Estas personas pueden ser inteligentes, pero carecen de inteligencia emocional, una de las características personales más valoradas en un líder. Si deseamos mejorar nuestra inteligencia emocional, debemos empezar por ver cómo somos y por fomentar nuestro pensamiento crítico para progresar.

Desde un punto de vista creativo, lo más conveniente es nutrir ambas inteligencias, la intelectual y la emocional, para ser individuos completos. Entre las actividades que favorecen el desarrollo de la capacidad intelectual están el hábito de leer, que además potencia la memoria y la concentración, pintar, escribir o cualquier ejercicio que estimule la creatividad. Cualquier inquietud positiva es fuente de conocimientos.

69

La importancia de la formación

El primer detalle que salió a la luz una vez que los Obama empezaron a hacer las maletas para mudarse a Washington fue la búsqueda del colegio idóneo para sus hijas, Malia, de diez años, y Sasha, de siete. Tanto para el político como para su esposa Michelle, la formación de sus hijas encabeza su lista de prioridades en la vida.

Es manido decir que la educación es un tema capital, pero es una de las afirmaciones más indiscutibles que se pueden plantear. Al educarnos, se nos brinda una mayor probabilidad de tomar una decisión acertada a la hora de escoger, ya que podemos tomar en cuenta más elementos dentro del análisis para la elección, y que antes nos eran incomprensibles. Esto significa que una persona podrá definir con mayor claridad sus intereses. La falta de conocimiento nos limita y relega a campos muy determinados, y nos niega la oportunidad de mejorar laboral y personalmente. Por otra parte, la falta de educación hace más fácil el engaño y dispara la agresividad de las personas si éstas se sienten burladas.

Hay infinitas maneras de acceder a algún tipo de educación, bien reglada o de manera autodidacta. Puedes cultivarte porque te apetece o puedes aprender un oficio, algo más práctico, pero nunca declines la oportunidad de aprender. Unirte a un grupo de tertulia que comente un libro, la actualidad o alguna disciplina concreta es un buen plan. En casa también puedes sumergirte en las lecturas que prefieras, como enciclo-

pedias visuales o ensayos; puedes ver DVD o vídeos interacti-
vos. Incluso productos como los entrenadores de memoria
pueden divertirte a la vez que despiertan tu curiosidad y tu in-
telecto.

Un no a las promesas imposibles

L o hemos repetido a lo largo de todos estos capítulos: lanzar mensajes sin pies ni cabeza, sin credibilidad o con falsedades o imposibilidades obvias no es más que engañarte a ti mismo. En tu discurso, siempre debe estar presente, aunque sea mínima, la esperanza o el sentimiento de que lo que planteas es posible.

Mentir es una gran trampa de la que nadie sale ileso. Mentimos para evitar el conflicto, para esquivar alguna tarea que preferimos no llevar a cabo, para no herir a alguien... Ante la mentira, asertividad, un concepto que hemos explicado en el capítulo 56. Y, sobre todo, pensar en las posibles consecuencias para nosotros mismos y para quien sufre la mentira. A veces, decir la verdad sale más a cuenta.

No negaremos que también a veces es necesaria alguna que otra mentira piadosa, una calificación que —debemos recordar— se refiere a una mentira leve, sin grandes implicaciones, pero que en el momento puede evitar un dolor intenso.

Cuando buscamos destacar ante los demás con mentiras, la caída siempre está a la vuelta de la esquina. Cada vez tendremos que mentir más y recordar todo lo que hemos falseado. Nuestro afán de caer bien producirá el efecto contrario si los demás se decepcionan, se sienten despreciados y humillados, lo que generará una profunda desconfianza muy difícil de superar. La cura del mentiroso es sustituir la mentira por la búsqueda de ser mejor persona. Jugar limpio, ser naturales, es el mejor camino para ser aceptados por los demás.

El efecto del silencio

Al buscar su definición en Wikipedia, encontramos el silencio asociado a la música: «El silencio es el signo que se utiliza en música para medir la duración de una pausa. Cada figura musical tiene su silencio, y el valor de éste está en correspondencia con la que representa. Se puede considerar que el silencio es una nota que no se ejecuta». No obstante, tiene un significado casi infinito. Para los indios navajos, el silencio es expresión divina, y para la tradición hindú también recoge la idea sagrada de la soledad inspiradora. El silencio en un discurso es un comodín y un elemento fortísimo. El silencio es lo que nos permite reconciliarnos con nuestros pensamientos y sentimientos, lo que nos deja un espacio para respirar y barajar lo que nos están contando. Sin silencio, no hay comunicación, aunque suene paradójico.

Silencio es escuchar, comprender, descansar, prepararse para un nuevo envite. Pero, cuidado, mientras que en la vida diaria la improvisación en el uso de nuestros silencios es plausible, en el arte de la oratoria existen reglas que debemos apuntar:

- Para que el silencio sea significativo, debe unirse a la gestualidad.
- Necesita del contexto para ser interpretado: un minuto de silencio por alguien fallecido es un signo de respeto.
- Después de una explicación, enfatiza la idea expresada.
- El silencio, bien implementado, ayuda en la eliminación de muletillas.

72

Punto de reflexión

Qué mejor como continuación del silencio que una buena introducción a la reflexión. Salir «ahí fuera» y comunicarnos con el mundo no es tarea simple, por lo que conectar con nuestro yo interior y preguntarnos adónde vamos y qué deseamos es una práctica tan saludable como necesaria cada cierto tiempo. Ya hemos mencionado varias veces las ventajas de la meditación; ahora te ofrecemos unas cuantas claves para iniciarte en ella:

- Calma. El estado mental de la mañana o del atardecer son ideales para meditar. Elige un momento del día en el que no te apremie llegar a completar otra actividad.
- Rutina. En el mismo espacio de la casa y a la misma hora son las coordenadas perfectas para trabar un plan equilibrado.
- Concentración. Antes de comenzar, debemos olvidar pasado, presente y futuro. No es fácil al principio, pero con un poco de práctica lo lograremos.
- Posición. Siéntate cómodo, en una posición en la que estés relajado.
- Espacio. Que esté ordenado, limpio y fresco. Puedes añadir flores e incienso si lo prefieres.
- Respiración. El primer paso es respirar hondo, de forma consciente y rítmica.
- Punto focal. Concéntrate en un punto, que puede ser

entre tus cejas o el corazón, y dirige tus pensamientos allí. Debe ser siempre el mismo.

- Constancia. No esperes resultados inmediatos. Empieza con unos minutos cada día y suma algunos más cuando ya tengas asimilada la rutina.

73

Dejad que se acerquen a mí

Muchos empleados se quejan de que en la jerarquía empresarial no funciona la comunicación vertical o, lo que es lo mismo, que sus jefes son poco accesibles y están poco atentos a sus necesidades. Por otro lado, los fans de un artista siempre piden poder acercarse a su ídolo, del que además esperan inmediatez —una respuesta cordial y al momento—. En el segundo caso, es obvio que, debido al gran número de personas que pueden perseguir al artista, resulta bastante sensato mantenerlo a salvo de multitudes, hasta cierto punto. Tal vez otras vías de comunicación menos «físicas» funcionen de forma óptima para todos los implicados.

Por lo que respecta a las estructuras empresariales y a los ámbitos íntimos, ser accesible e inmediato es un ingrediente para el triunfo. Un buen jefe, por mucho que se sitúe en el escalón más lejano a nosotros, debe parecer cercano y ligeramente paternal. Un buen líder se aprecia por su humanidad: es una persona cercana, próxima, cálida y que se esfuerza en ser comprensible a la gente de su entorno. Esta cualidad es básica para lograr no sólo el respeto del equipo, sino también su aprecio. En ocasiones, será necesario ser exigente, riguroso y autoritario, aunque esto no está reñido con la sencillez y la naturalidad. Simplemente, son las dos caras de todos nosotros. Lo que se percibe como estúpido y es además contraproducente es la actitud de aquellos jefes que se muestran altivos y distantes. Si quieres que tus allegados estén contigo, tienen que ver que eres uno más de ellos. La motivación es fruto de esa cercanía.

74

Carisma: cómo trabajar el magnetismo personal

C ómo definir el carisma? ¿Cómo describimos a un individuo carismático? Lo único que podemos responder, así, de buenas a primeras, es que se trata de una persona que emana algo especial. Nos atrae y deseamos estar cerca de él o ella. Creemos que esta atracción viene dada porque el sujeto en cuestión nos inspira confianza, gracias a cualidades como las siguientes:

- Entusiasmo. Regala entusiasmo y los demás sentirán que les estás explicando algo importante. Aunque repitas las mismas frases cientos de veces, actúa como si fuera la primera vez que las estás pronunciando.
- Seguridad. Muestra a tus interlocutores que te sientes seguro a través de la postura del cuerpo, de tu forma de hablar y de las cosas que dices.
- Autovaloración. Siéntete cómodo contigo mismo. Si la gente percibe que te estás esforzando por impresionarla, se pondrá en guardia y se preguntará qué es lo que intentas ocultar o compensar. Enorgullécete de quien eres, porque eres único, con tus más y tus menos.
- No atiendas a lo que se dice de ti. Persevera en tus ideas y creencias.
- Admiración. Atrévete a preguntar lo que otros no cuestionan; pueden pensar que eres tonto, pero en el fondo admiran tu valor.
- Conviértete en un experto en tu campo.

- Modestia. Alardear produce rechazo, mientras que la discreción es virtud de la persona carismática. Causarás una mejor impresión en los demás si dejas que descubran tus capacidades. Querrán averiguar qué otras habilidades posees y conocerte mejor.

75

Ciudadano del mundo

S abías que de 250 millones de estadounidenses sólo unos
15 millones poseen pasaporte? En resumen: sólo un 6 por
ciento de los norteamericanos ha tenido cierto interés en ver
mundo e involucrarse en otras realidades culturales. Y uno de
ellos, un caso muy destacado, ha sido Barack Obama, un
hombre que conoce varias sociedades y que, por tanto, tiene
una perspectiva multidireccional de cómo las personas entien-
den la realidad. Esta visión plural es una gran baza para llegar
a mentes y a corazones con intereses e inquietudes tan varia-
dos como el origen de las personas que han seguido a Obama.

La única manera de vencer lacras como el racismo, que no
es más que miedo e ignorancia frente a lo desconocido o lo
que no comulga con nuestro parecer y manera de ver el mundo, es practicar la «ciudadanía del mundo».

- Si puedes permitirte viajar de vez en cuando, no habrá
  nada como descubrir a otras gentes y sus paisajes in situ.
  Antes de partir, investiga exhaustivamente tu lugar de
  destino, para no perderte un detalle de su riqueza; para
  no volver y darte cuenta de que se te ha pasado por alto
  algo realmente impresionante. Algunos destinos muy
  recomendables son las grandes metrópolis del mundo:
  Nueva York, Londres, Tokio, São Paulo…; escenarios
  con gran valor histórico, como Jordania, Turquía, Chi-
  na; lugares con naturaleza salvaje y costumbres indíge-
  nas que perviven, en África, Latinoamérica, Oceanía;

países donde se hablen lenguas distintas —sobre todo, Europa—. Las posibilidades son tan extensas como el planeta que habitamos.

- En la actualidad y en tu lugar de residencia, seguro que conoces a vecinos de otros países, o seguro que tienes acceso a actividades o a asociaciones que recuperan otras tradiciones. ¡Curiosea y apúntate a la novedad!

La atracción de lo nuevo, lo joven y lo minoritario

El triunfo electoral de Barack Obama está apoyado por tres grupos sociales que, tradicionalmente, se mantenían alejados del ámbito político en Estados Unidos. Esto es, la mujer, los jóvenes y las minorías raciales. Todas estas personas pensaban que no se les tenía en cuenta y que, por ello, cualquier participación activa caería en saco roto. Al final, ellos han resultado definitivos para dar el giro de timón en pos de la victoria del candidato demócrata.

El verdadero triunfo de un líder no sólo radica en atraer a una masa que considera incondicional, sino en convencer a esos pequeños grupos que pueden marcar la diferencia. Para conseguirlo, hay que cuidar especialmente el mensaje. En primer lugar, no servirá crear apartados dedicados a ellos porque esto implica que siguen siendo vistos como un «añadido». El gran reto consiste en elaborar un mensaje lo suficientemente equilibrado para que sea útil a todas las partes. El discurso tiene que apelar a los intereses generales e incluir detalles muy específicos. Así, si eres el jefe de una oficina mixta, deberás hablar usando ambos géneros y referirte a las ventajas —por ejemplo, la guardería— dirigiéndote a todos tus empleados (¿O es que los hombres no son padres?). Nunca infravalores las ideas de tus subordinados más jóvenes, porque, aunque carezcan de experiencia, cuentan con la ventaja de estar más al día en algunos campos. Otra buena recomendación es que no instituyas reglas que puedan afectar a creencias religiosas, costumbres de alimentación o formas de vestir.

77

Lampenfieber: cómo sobrellevar estar en el punto de mira, y triunfar

Parece ser que el miedo escénico ha saltado de los escenarios para también ubicarse en platea y palco. Ese miedo persistente a hacer el ridículo en situaciones públicas nos produce una gran ansiedad, irracional y excesiva, que acabamos zanjando huyendo de los susodichos «escenarios». Este comportamiento interfiere de manera importante en nuestra rutina y complica las relaciones laborales y/o sociales; y no digamos cuando perseguimos alguna meta y no tenemos más opción que tragar y soportar la presión de nuestro entorno.

No podemos asegurar que Barack Obama haya sufrido en estos duros meses de competencia de miedo escénico, pero si en algún momento se ha sentido atenazado por él, ha superado la prueba con ventaja. Para superar este temor es importante ser consciente de que nada malo ha pasado y de que no tiene por qué pasar. Si hacemos algún pronóstico, que sea positivo. El temor es normal y disminuirá en la medida en que repitamos con éxito el «espectáculo». Tomemos por ejemplo un músico. Cuanto más toque y olvide la técnica, más seguro se sentirá con su instrumento y con más naturalidad lo tocará. También es fundamental no concentrarse en la idea de masa y cambiarla por dirigirse a un solo individuo cada vez: mirar una a una a las personas de la audiencia. No nos servirán de pasto a los leones si nos equivocamos, así que seamos positivos y pensemos que, si tropezamos, el público puede solidarizarse. El miedo y el éxito juegan en la misma división en nuestra cabeza, sólo tenemos que dar paso al que interese.

78

Predicar con el ejemplo

Ordenarías tu habitación si tus padres dejaran la casa en permanente caos? ¿Te implicarías en una causa si vieras que sus impulsores ni siquiera la consideran? ¿Trabajarías bien en tu empresa si supieras que el jefe no confía en su actividad? Es obvio que un proyecto nunca llega a buen puerto cuando los que lo encabezan no muestran el camino a seguir. La actitud de un líder, sea un amigo o tu jefe, influye en el estado de ánimo de sus subordinados o de su entorno en general, y es determinante para la motivación de todos. Que el capitán se hunda con su barco no es simplemente una frase hecha, sino que es un concepto de responsabilidad.

Si un alto ejecutivo de una organización ecologista nunca limpia una playa de chapapote, perderá, además, credibilidad. Si un líder actúa de manera coherente con lo que predica para los demás, será visto como auténtico y honesto, y por más duras que puedan ser las circunstancias, sus subordinados le seguirán. Porque predicar con el ejemplo no es sólo algo que pertenezca a los buenos tiempos. Ah, no, eso es muy fácil. El ejemplo resulta efectivo en tiempos de crisis, cuando las situaciones superan la capacidad de resolución de la mayoría. Ahí es donde se está fraguando la figura de Obama.

Hay que predicar con el ejemplo día tras día para construirnos un sólido prestigio. No vale llevar a cabo una buena actuación en una coyuntura determinada y esperar que se nos recuerde por ello toda la vida. Y tampoco nos servirá camelar con trucos de orador a los que están esperando una acción por nuestra parte, porque acabarán por pedir soluciones reales.

Individual para el colectivo

En el currículo de un estadounidense que pretenda acceder a una buena universidad o que desee liderar un ámbito determinado tiene que figurar la implicación social. La palabra solidaridad nos suena a grandes donaciones, grandes esfuerzos y contribuciones para las que no tenemos tiempo o capacidad adquisitiva. Con todo, los pequeños gestos, por muy insignificantes que parezcan, también suponen un acto de generosidad que podemos hacer nuestro. Por ejemplo...

- Ayudar en la integración de inmigrantes, con clases de idiomas.
- Recoger ropa, juguetes, libros, material escolar... para donar a hospitales, escuelas o instituciones que los necesiten.
- Si tocamos algún instrumento o tenemos conocimientos musicales, podemos dar clases de refuerzo a niños, de forma gratuita.
- Visitar hogares de ancianos, leerles un libro, charlar con ellos...
- Acompañar a algún vecino que se sienta solo.
- Realizar trámites, compras o colaborar en la limpieza de la casa de personas que no están en condiciones físicas de hacerlo.
- Ofrecernos como voluntarios en hospitales, fundaciones o instituciones en las que podamos ayudar.
- Organizar juegos para los niños en el parque.

- Reunir a un grupo de gente para limpiar un bosque o paraje.
- Leer a niños invidentes.
- Dar apoyo a un universitario discapacitado…

Las opciones recorren mil campos distintos y se refieren a tu entorno, a aquello que ves cada día y que te parece injusto o triste. Cierto es que volver la cabeza es lo habitual en los núcleos urbanos más grandes, pero, si sucede en Nueva York, ¿por qué no frente a ti?

80

Ceder para ganar: pragmatismo

Ceder no es sinónimo de perder; es más, a veces las cesiones nos llevan de la mano a un triunfo que, si bien cuesta alcanzarlo, es más duradero y estable. Los críticos alaban a Obama en este sentido, y una madre experimentada también puede tenerlo muy en cuenta y nos dará la razón.

«La victoria es un pulso» es un ejemplo bastante ilustrativo de esta idea: comienzas ejerciendo presión, aflojas en varias direcciones hasta averiguar cuál es el flanco débil por el que puedes iniciar la embestida final, vuelves a aflojar para que el rival se relaje y confíe y, entonces, aprietas y presionas hasta que el otro se rinde.

En el tira y afloja, hay dos elementos que nos guían hacia la luz: la observación y el sentido común. Gritar a un niño es como ponerse a su altura, es un desafío que éste toma con agrado —sí, a veces es necesario—. Si cada vez que se le riñe el niño entiende que es el centro de atención, forzará la situación hasta conseguir tu desgaste. Haz la prueba: ante su sorpresa, cede una vez; a la segunda, estará tan confiado que, posiblemente, caiga en la trampa.

De la fuerza infantil a una reunión de amigos. No os ponéis de acuerdo sobre un viaje organizado e incluso estáis pensando en dejarlo correr. Sed prácticos: apuntad en un papel qué desea cada uno de ese viaje. Os daréis cuenta de que hay puntos coincidentes; el resto, negociadlos. A cada cesión personal, le corresponde una compensación en otro término. Quizá no en ese viaje, sino para otras actividades futuras.

El pragmatismo no resulta una pérdida de tiempo ni de eficacia. Por el contrario, conlleva un incremento en la propia satisfacción y deviene una escuela de negociación interesante.

81

Cambio, la clave

L a novedad excita y asusta a partes iguales. No obstante, cuando ya no damos más, cuando la situación es insostenible, el cambio se transmuta en esperanza. Y éste es el clima en el que vivimos actualmente, con un modelo económico desfasado y un entendimiento social y cultural bastante frágil. El cambio es el baluarte y el gran desafío de Barack Obama.

Tras la tempestad, siempre sale el sol, y siempre hemos aprendido de la adversidad. En todas las disciplinas filosóficas y espirituales del mundo, cambio es sinónimo de crecimiento. Por eso, tenemos que estar preparados para éste y acogerlo con optimismo. Con todo, la inestabilidad suele generar ansiedad. La gente, en general, es reacia al cambio, lo rehúye, teme lo nuevo, lo desconocido. Este temor suele provocar una actitud contraria a la innovación. Lo malo es que reaccionar así supone perder oportunidades. Eso sí, frente a los dos tipos de cambio, el imprevisto y el gradual, hay dos tipos de reacción. En el primer caso, necesitamos «respirar» y comprender qué está ocurriendo. Sólo entonces podremos encauzar la situación, con calma y estrategia. En el cambio gradual entra en juego nuestra evolución personal: si actuamos a diario con empeño y confianza siguiendo nuestros objetivos, viajaremos de la mano de las variaciones, por lo que no nos sorprenderán, ya que habremos crecido con ellas.

Dentro de la empresa, es el líder quien se anticipa a todos los cambios con una visión positiva de futuro. Está al corriente de todas las mejoras e innovaciones del mercado para que no le pillen desprevenido, con lo que consigue mantener la estabilidad y recibir una buena respuesta por parte del resto de empleados.

82

Cohesión para la recuperación

Todo ha cambiado, debemos levantar algo nuevo y sólo podemos hacerlo codo con codo. El «Sí, podemos» es el motor de la recuperación, un eslogan que demuestra cómo el contagio emocional es un arma infalible en estos tiempos de deshumanización.

Imagina que eres nuevo en una empresa o que has conocido a un grupo de gente que despierta tu interés. Estás contento y motivado. Pero, cada vez que ves a uno de ellos o vas a la máquina de café en tu trabajo, lo único que percibes es negatividad. Todos hablan mal de todos. Al final, estás atrapado en esos círculos y te encuentras a ti mismo haciendo lo mismo. Tu motivación, a la basura. Es un claro caso de «contagio emocional», un término que describe con acierto Daniel Goleman en su libro *Inteligencia social*.

Las emociones positivas y las negativas se contagian a la misma velocidad. Al disfrutar de la compañía de gente divertida, nos relajamos y reímos. Cuando presenciamos una escena terrible, en fotografías, en la televisión o a nuestro alrededor, se nos activa el botón de la angustia. Como un resfriado, las emociones se dispersan en el ambiente.

Lo malo es que, cuando estamos negativos o nos acercamos a todos y comentamos todo lo malo que vemos, inconscientemente contagiamos el virus de la negatividad. Es cierto que las emociones negativas pueden ayudarnos a superar puntualmente los obstáculos que encontramos hacia nuestras metas. Pero debemos controlar el tiempo que éstas nos con-

trolan, por el bien de nuestra salud y de la de quienes tenemos
a nuestro alrededor, por el bien de nuestros proyectos.

83

Hombre de su tiempo

Un SMS fue el formato al que Barack Obama recurrió para agradecer a sus seguidores su apoyo y la victoria presidencial. No menos útiles le resultaron también sendos sitios en Facebook y MySpace, además del uso de YouTube. Hoy, sin tus páginas en las redes de amigos cibernéticas no eres nadie. Las cartas y mensajes en soportes tradicionales desprenden un halo de romanticismo, pero la inmediatez de la red ha ganado terreno en los países más industrializados y con ritmos de vida como el norteamericano. Todo el mundo está conectado con todo el mundo en plena calle gracias a teléfonos inalámbricos. La sociedad de la información es devoradora y útil al mismo tiempo.

Desde 2001, los sitios que fomentan las redes de amigos no paran de crecer. Hacia 2003 se hacen populares con la aparición de Frienster, Tribe y MySpace. Básicamente, todo se dispara cuando un grupo de iniciadores invita a amigos y conocidos a formar parte de la red social, y cada miembro puede a su vez introducir a otros muchos nuevos, hasta el infinito. Por estas vías, la difusión es extrema. Ya es posible escuchar a grupos musicales de lugares insospechados que no gozan de la atención mediática ni de la de la industria discográfica; encontrar a amigos de la escuela o conocidos en viajes de los que nunca más habías oído hablar. Es posible interactuar con gente famosa y hasta con un futuro presidente del país. ¿Qué más podemos pedir? Que se respete esta utilidad, por ejemplo. Esperemos que el mal uso no destruya estas grandes herramientas.

84

Vencer la apatía, la indiferencia
y el escepticismo

Hay personas que, a pesar de nacer y vivir en situaciones adversas, consiguen el equilibrio e incluso salen reforzadas. Es lo que se conoce en psicología como resiliencia. Recordemos la biografía de Obama o la de la ex primera dama de Estados Unidos Eleanor Roosevelt. Su madre murió cuando ella contaba cinco años y quedó a disposición de un padre alcohólico, al que tuvo que cuidar hasta los diecisiete años, cuando escapó de casa. Consiguió usar esa carencia y el sufrimiento para recuperarse y forjarse un destino extraordinario.

La vida diaria nos trae situaciones duras: la muerte de allegados, una enfermedad, malas experiencias laborales y con la pareja, problemas económicos... Ante éstas, reaccionamos según nuestro grado de vulnerabilidad —o de resiliencia—. La buena noticia es que se trata de una capacidad que se puede aprender en cualquier momento de nuestras vidas si sabemos reflexionar y darnos respuestas honestas; distanciarnos emocionalmente de ciertas situaciones; tener iniciativa, sentido del humor y creatividad; potenciar lazos emocionales que nos sean satisfactorios. Con todo este bagaje, obtendremos ventajas como la eficacia, la confianza en nosotros mismos o el aprovechamiento en positivo del estrés. La capacidad de superación personal nace de la voluntad de mejorar y se fundamenta en la búsqueda de apoyos de todo tipo: familiares, laborales, afectivos... sin volcarnos en uno en particular. Apostarlo todo al mismo número te llevaría a negarte opciones y a depender en exceso de un aspecto de tu vida: si éste falla, deberías comenzar de cero. En cambio, cultivar varios intereses te ofrece garantías para visualizar un futuro más completo.

85

Coraje: aunque tengas miedo, hazlo

La valentía no supone enfrentarse a un león; la valentía es aferrarse a la verdad y admitir la realidad pese a los problemas que pueda traerte. ¡Con la insuperable satisfacción que eso supone! En la vida, arrepentirse por haber abandonado un sueño o un objetivo es lo único que debería asustarnos. Vivimos condicionados por la sobrevaloración del éxito material, que nos ciega respecto a los logros de raíz personal y humana. Temor a hacer el ridículo, a ser malos padres, a decepcionar a nuestra pareja, a ser aburridos, a que nuestro trabajo no sea reconocido, al rechazo, al desamor, a la burla… temor al fracaso, en definitiva. ¿Para cuándo el ánimo de llegar hasta el final? Positiviza ese caudal de miedos intangibles y transfórmalo en el combustible para lograr lo que te propongas. No anticipes ansiedad y disfruta del proceso. Si sólo vives el principio y el final, nada tendrá sentido en tu vida y el miedo se instalará de forma permanente.

Valiente es aquel que tiene miedo y que saca fuerzas de la nada para superarlo. De hecho, quien no le teme a nada es un irresponsable. Porque el temor también nos protege, forma parte de nuestro instinto de supervivencia. Eso no significa que vivas sobreprotegido ni que te escudes en el miedo para evitar acometer algún proyecto. Si te enfrentas a un problema, podrás dejarlo atrás, pero si te escondes lo único que conseguirás es agravarlo. Abandona la mala costumbre de barrer y esconder la suciedad debajo de la alfombra. ¡No temas usar el aspirador!

86

¿Nervioso, yo?

Una recomendación: no luches contra tus nervios… ¡Ponlos de tu parte! Es inevitable sentirnos un poco excitados cuando se nos exige un dominio de algún tema en situaciones en las que tenemos que impresionar o convencer a un jefe, un padre, un amigo… Sobre todo, si somos inexpertos y no sabemos qué hacer, qué decir ni qué pensar. Con todo, estar nervioso también conlleva una gran ventaja: saca a relucir lo mejor de nosotros mismos.

Los ejercicios de relajación pueden contribuir a la calma (por lo que son recomendables incluso en etapas más tranquilas), pero es la buena disposición la que nos ayudará a salir del atolladero. Eso y algunas buenas costumbres como —antes del evento en cuestión—:

- Come algo muy ligero por lo menos tres horas antes de la exposición, la entrevista de trabajo, la cita o el examen.
- Ve al baño también antes, para que no te distraiga cualquier urgencia.
- Duerme lo suficiente; es una buena inversión, ya que recarga tu pila mental.
- Llega temprano al lugar del evento y familiarízate con los detalles del sitio.
- Aprovecha las conversaciones previas para hablar de lo que te ocupa, pues es una manera de ensayar y concentrarte.
- La potencia de voz se relaciona con la habilidad para

persuadir: a una voz débil corresponde una actuación floja, y eso no convence.

Perdónate la vida y acepta esa reacción natural del organismo. No es señal de debilidad o de falta de habilidad, sino todo lo contrario. Tu cuerpo se prepara así para el éxito y tú debes escucharlo y moldearlo con la técnica adecuada.

87

Ganar la admiración del rival

Has jugado limpio; has desplegado un increíble abanico de habilidades propias y aprendidas; has sabido utilizar todos los recursos de la comunicación verbal y corporal para ganarte a la gente; has lucido tus mejores galas y tu mejor sonrisa; has despertado la confianza de los demás; has sido fuerte y paciente; has aprovechado las dificultades para crecer; has escuchado y dado buenas respuestas; eres atractivo y cultivas tu encanto y tu autoestima; te preocupas activamente por los demás; predicas con el ejemplo; eres abierto, tolerante, entretenido, cosmopolita; afrontas los retos con estilo y seriedad; no mientes; no insultas; sabes delegar y relacionarte con la gente que puede aportar algo a tu proyecto; tienes clase; conoces lo último en tendencias y haces un uso personalizado de ellas; quieres y puedes; eres modesto y práctico; te preparas para los cambios constructivos; aceptas la realidad; no temes mostrar tus sentimientos; te educas; seduces con discreción; tratas de relacionarte con equidad; respetas las ideas del prójimo; escoges bien tu imagen y sabes potenciarla; te mueves con tranquilidad; presumes lo justo; pones atención en las cosas y personas que eliges como referentes; disfrutas con lo que haces; te tomas merecidas pausas; tienes siempre tiempo para ti mismo; eres disciplinado; reconoces las cualidades de los otros; cedes cuando es útil para ti; huyes de la frivolidad; contagias optimismo; aceptas otras opiniones... ¿Cómo no va a respetarte, halagarte y emularte tu rival?

88

Company & Obama: las compañías influyen, elige al mejor

Dónde se ha visto que una persona de una tendencia política seleccione para su gabinete ejecutivo a miembros que profesan la ideología contraria? En el gabinete de Obama, ésa es la tónica imperante. Suponemos que si le ha funcionado en todo lo que ha emprendido, también podría resultarle ahora. Escoger a las personas por su valía, independientemente de sus ideas, es algo que le ha traído muchísimas simpatías, algo que se opone rotundamente a la práctica común en todos los ámbitos.

Ciertas personas prefieren rodearse de amigos en su trabajo, gente que les apoye en sus responsabilidades y que les contagie seguridad. Sin embargo, la experiencia general demuestra que esta elección nos conduce al desastre. Si te sientes inseguro para ejecutar un plan o asumir una responsabilidad, no necesitas palmaditas en la espalda, sino a profesionales que te saquen las castañas del fuego, que te apoyen logísticamente. ¡Al trabajo uno no va a tomar cafés ni a hacerse amigo de todo el mundo! Es un error demasiado común mezclar emoción y obligación. Recuerda: tu equipo no es tu familia.

En este sentido, rodéate de las personas más capaces, con el mejor perfil para lo que te toca coordinar. Personas con las que tengas un entendimiento razonable, que sean flexibles y expertas en lo suyo; gente que sepa trabajar en equipo y haga fluir lo que tenéis entre manos. Reuníos constantemente para debatir ideas y encontrar soluciones comunes. Si los mejores están de tu lado, es muy probable que llegues a la meta.

89

Yo me lo guiso...

Y te atragantas? Junto con saber escoger a tu equipo, saber delegar es uno de los secretos de cualquier persona bien organizada. Es preciso descargarse de trabajo cuando hay varios objetivos en danza. La buena coordinación depende directamente de saber repartir las tareas entre personas de confianza, que nos hayan demostrado que tienen el perfil para realizar estos trabajos. Con ellos, es mejor especificar de qué va su tarea y cuál será la retribución desde el principio, para que no surjan malentendidos. Créate tu propia base de recursos humanos para que tu trabajo siempre ofrezca lo mejor de lo mejor. Delegar puede ser útil, o necesario, por las siguientes razones:

- Porque así podemos dedicarnos a planificar otros temas que nos reporten ganancias futuras.
- Porque ganamos tiempo y nos evitamos no cumplir los plazos de entrega. Es mejor delegar una tarea que retrasarnos y perder oportunidades. Si finalizamos los proyectos, si el cliente está contento, nos reiterará su confianza y atraerá hacia nosotros más clientes.
- Porque si no tenemos los conocimientos, las habilidades o la experiencia necesaria, el resultado será mediocre. En esta línea, hay que rodearse de los mejores para cada tarea en concreto. Podemos cumplir con una parte y confiar la otra, o conseguir asesoramiento efectivo para cumplir con la tarea nosotros mismos, posteriormente.

90

Ignorar el insulto

Dicen por ahí que «No ofende quien quiere, sino quien puede». Y esto va por Barack Obama. Como reflejo de su talante moderado y de su inteligencia, adoptó la buena determinación de ignorar los ataques verbales. Accionamos con esto una estrategia de doble defensa ya que, por un lado, aligeramos la posibilidad de sentirnos ofendidos y, por otra parte, descartamos cualquier lazo emotivo con la persona que insulta. De hecho, generalmente nos duele y ofende un comentario cuando su emisor es un ser querido o alguien en quien creíamos o que pensábamos que nos apoyaba. La ofensa sólo proviene de la necesidad de reconocimiento que tengamos. Si el otro no nos despierta gran admiración o, simplemente, si estamos convencidos de que nuestra acción o idea son justos y viables, el insulto caerá en saco roto.

Responder al insulto desata un alud de improperios que acaba por minar nuestra autoestima y agotar nuestras energías para continuar con nuestros objetivos. Insultar, faltar al respeto es una pérdida de tiempo porque nos impide seguir construyendo.

Además, el insulto es un escollo importante para la comunicación: las personas que utilizan con regularidad muchas «palabrotas», interrumpen su progreso cognitivo, es decir, cada vez sienten que es más difícil saber expresarse con propiedad, y acaban por ver limitado su círculo de amistades a personas como ellos. Frente a esto, hay que insistir en estructurar nuestras ideas y en buscar la riqueza del lenguaje para dejar que nos definan con justicia.

91

Paz en la Tierra

P acifismo" es un término relativamente reciente en las lenguas modernas, derivado del vocablo latino *pax*. Se han asociado al pacifismo muchas doctrinas y movimientos sociales, políticos y religiosos. Se puede considerar como pacifismo toda doctrina y actitud individual o colectiva que defiende y exalta la paz frente a la guerra.» ¿Cabe en esta definición un presidente de Estados Unidos? No queremos entrar en debates políticos, pero consideramos que a Obama le va a resultar difícil declararse «pacifista» desde semejante posición, a pesar de que personalmente pueda creer en esta forma de ver la vida. ¿Lo intentará, al menos?

Por lo que a nosotros respecta, es un valor imprescindible que, aun fuera de cualquier movimiento establecido, deberíamos incorporar a nuestro imaginario. El pacifismo implica:

- Apoyar la concordia.
- Respetar las diferencias y aprender de ellas.
- Desdeñar la violencia y no afrontarla con más violencia.
- Dar valor a la vida, tanto humana como de los demás seres vivos.
- «Luchar» por el fin de las guerras.
- Rechazar la desigualdad y la pobreza.
- Aceptar discursos diferentes y saber adoptar las partes positivas de ellos.
- Gestionar con equilibrio el conflicto para poder crecer como personas a partir de él.

- Denunciar la injusticia e implicarnos para suavizarla.
- Tratar bien a los seres queridos.
- ¡Y un largo etcétera!

92

Un mundo más verde

Desde la perspectiva de la paz como compromiso y dado el acuciante problema que supone el cambio climático y el desgaste del planeta, otro de los frentes importantísimos para Barack Obama y para todos nosotros, sin excepción, pugna por orientar nuestro estilo de vida hacia actitudes más ecológicas. Apúntate algunos buenos consejos:

- No malgastes la energía eléctrica. Aprovecha la luz natural, pinta de colores claros los espacios, reduce la iluminación ornamental y usa el ascensor lo mínimo. Puedes cambiar también las bombillas tradicionales por otras de bajo consumo (clase A), algo que ya es ley en algunos países y que será pronto obligatorio en España. Además, evita dejar los electrodomésticos en posición *stand-by*.
- Llena al máximo la lavadora y el lavavajillas. Si lavas con agua fría, ahorrarás el 80 por ciento de energía.
- Compra electrodomésticos ecológicos y úsalos bien. No abras la nevera más de lo necesario, por ejemplo.
- Reduce la calefacción y evita el aire acondicionado. Ajusta el termostato a 20 °C y aísla bien tu hogar con otras soluciones. También puedes instalar ventiladores de techo.
- Dúchate. Bañarse multiplica el consumo de energía por cuatro.
- Al cocinar, hierve el agua que necesites y recurre a la olla exprés, que reduce el tiempo de cocción.

- Usa el transporte público… ¡Di adiós a los coches innecesarios! Si tienes que usarlo, que sea sólo en caso de necesidad real, y con el máximo número de asiento ocupados.

93

Inspiraciones moderadas

Quién te inspira? ¿Qué pensamiento recoges y te sirve de lección continua? ¿A quién citas y qué imagen da eso de ti? Escritores, políticos, inventores, científicos, actores, músicos…, todos nos han regalado una frase que se les ocurrió en un momento de su vida y que, con el tiempo, ha inspirado a otros y se ha elevado a la categoría de clásico. He aquí algunos autores de citas que cuentan con la admiración de Barack Obama:

- MARTIN LUTHER KING: «Hemos aprendido a volar como los pájaros y a nadar como los peces, pero no hemos aprendido el sencillo arte de vivir juntos como hermanos».
- MAHATMA GANDHI: «No hay camino para la verdad, la verdad es el camino».
- ABRAHAM LINCOLN: «El hombre que no investiga las dos partes de una cuestión no es honrado».
- HENRIK JOHAN IBSEN: «Nuestra sociedad es masculina, y hasta que no entre en ella la mujer, no será humana».
- JOHN FITZGERALD KENNEDY: «Un hombre inteligente es aquel que sabe ser tan inteligente para contratar a gente más inteligente que él».
- ADAM SMITH: «No puede haber una sociedad floreciente y feliz cuando la mayor parte de sus miembros son pobres y desdichados».
- MIGUEL DE CERVANTES: «Las aventuras y desventuras nunca comienzan por poco».

- Jean-Jacques Rousseau: «Siempre es más valioso tener el respeto que la admiración de las personas».
- Arthur Schopenhauer: «La amabilidad es como una almohadilla, que aunque no tenga nada dentro, por lo menos amortigua los golpes de la vida».
- Séneca: «No hay nadie menos afortunado que el hombre a quien la adversidad olvida, pues no tiene oportunidad de ponerse a prueba».
- Madre Teresa de Calcuta: «A veces sentimos que lo que hacemos es tan solo una gota en el mar, pero el mar sería menos si le faltara una gota».

Las referencias frescas: la música

C ontinuamos con las influencias y referentes de nuestra vida. Aunque no te incluyas en el grupo de los melómanos, simplemente hay compositores e intérpretes que no puedes perderte por su genialidad. Para Barack Obama, algunos de ellos serían Frank Sinatra, Bob Dylan, Sheryl Crow y John Coltrane. Música de raíces, sin duda.

Imaginamos que ya posees una lista propia e insustituible de tus favoritos, pero te pedimos que no la cierres a nuevos géneros y artistas. Todos acumulamos prejuicios que obstaculizan el camino a descubrimientos maravillosos. La música clásica no es sólo para entendidos; el rock no se acaba en los Rolling Stones o en Bruce Springsteen (ni el pop en los Beatles); toda la música española no es melódica ni aflamencada; ni la electrónica es un estilo frío y monótono. Descubre a Mozart, Beethoven, Bach, Chopin, Mahler...; a Nino Rota, Ennio Morricone, Henry Mancini, John Williams y a los grandes compositores de música para el cine; a Benny Goodman, Louis Armstrong, Buddy Bolden, Chick Corea...; a Marvin Gaye, The Supremes, The Temptations, Otis Redding, Aretha Franklin...; el rock de los «supergrupos» de los setenta; Donna Summer, los Bee Gees; a Kanye West y a Akon... o entra en MySpace y apuesta por lo más nuevo, como Hotel Guru.

El eclecticismo no goza de buena reputación por parte de los puristas, porque —dicen— indica dispersión y poca profundidad, pero no estamos de acuerdo: todas las puertas que abras te ayudarán a cultivar el espíritu.

95

El apoyo de las celebridades adecuadas

Si quieres que tu proyecto tenga la mejor y la mayor repercusión, elige con cuidado a tus espónsores. ¿Vas a publicitar una propuesta que pretende transmitir un mensaje de salud y bienestar apoyado por una marca de tabaco o productos alcohólicos? ¿Acudirás a una persona popular aunque polémica por su estilo de vida y/o sus ideas para representarte a ti o a tu proyecto? Por supuesto, la respuesta es «no».

Tus mejores aliados son los deportistas de élite, los músicos consagrados o emergentes, los escritores con calado social, las personas con una historia vital llena de episodios de superación, los que encabezan acciones solidarias, los expertos en un tema con grandes dotes comunicativas...

Buscar un buen patrocinador consiste en encontrar a alguien de mayor peso que nosotros y que nos respalde y sume valor añadido a lo que ofrecemos. En este sentido, Barack Obama contó con Oprah Winfrey, Halle Berry, Tom Hanks, George Clooney y Stevie Wonder, entre muchos otros, como se pudo ver en el vídeo de su campaña, el «Yes, we can», que fue visto en una semana y media por 3,5 millones de personas, atraídos por el peso de las estrellas y de los líderes de opinión.

Vale, nosotros no somos Obama, pero si decidimos incorporar a alguna celebridad a nuestro plan, no debemos impresionarnos y pensar que es imposible. Todos ellos cuentan con un representante con el que podemos contactar y negociar las condiciones. Si ellos son quienes deciden contactar con nosotros, resultará redondo...

Todo está en los orígenes

En 1995, Barack Obama publicó un libro que está teniendo un espectacular tirón, sobre su vida y sus orígenes. En él, defiende la idea de no traicionar de dónde venimos, sino por el contrario utilizarlo para definir nuestra identidad y nuestro lugar en la sociedad. Así pues, un testimonio como el suyo evidencia que no pretende esconder nada, sino difundirlo a los cuatro vientos. Una buena y eficaz señal. En definitiva, siéntete orgulloso de tu color, de tu etnia, de tu gastronomía, de tu idioma, de tu acento, de tus tradiciones. De tu familia, de tu pareja, de tu esfuerzo laboral.

Si para gustarle a alguien tienes que renunciar a lo que eres, te estás metiendo en una selva impenetrable en la que te perderás sin remedio. Tus orígenes son fuente de autoestima. Ni se te ocurra decorar tu casa según los invitados de turno: no retires los libros de Picasso porque es un pintor que no gusta ahora al grupo. No te disfraces para asistir a un concierto porque el resto de la comitiva marca afición con un estilo determinado. No digas que un libro o un disco te encantan para caer bien o poder integrarte en un ambiente. No mientas y no te mientas a ti mismo. De ti sólo existe un ejemplar, y sería muy triste que lo condujeras hacia la extinción. Eres una especie protegida a reivindicar. Ilusiona al mundo con tu verdadero yo, que se resume en todo aquello que te conforma como persona física, intelectual y emocional.

97

Hedonismo en la responsabilidad

P or mi parte, aborrecí que me bombardearan con la expresión «Después de la obligación, la devoción». Burda mentira, craso error. Es innegable que no estamos aquí para sufrir ni para sentirnos esclavizados por la vida. La responsabilidad no está reñida con el hedonismo (eso quería demostrar Obama en sus partidillos de baloncesto previos a sus mítines). Dar una buena patada al sentimiento de culpa y abrirnos al hedonismo positivo es la mejor vía hacia la felicidad y el éxito.

El psicólogo argentino Walter Riso describe el hedonismo de manera muy acertada señalando que los momentos de descanso son una inversión para la salud mental, y la búsqueda del placer es una condición del ser humano; no es algo malo ni sucio. Según este escritor de temas de autoayuda: «Ser hedonista no es promulgar la vagancia, la irresponsabilidad o los vicios que afecten la salud. Es vivir intensamente y ejercer el derecho a sentirnos bien, vibrar con las cosas que nos gustan y exaltar un poco más la sensibilidad. A veces, irracionalmente, pensamos que no merecemos la alegría y que la actitud ascética es necesaria para crecer como ser humano, y nada hay más falso. Intentar estar bien es una responsabilidad vital ineludible». Así pues, ¿a qué esperas? Deja de martirizarte y busca lo agradable sin racionalizarlo todo. Cuando llegues a este punto, todo cobrará más sentido, incluso el deber. Cada día proponte divertirte un poco más. Estamos ante un tema que conlleva práctica, pero cuyos resultados pueden cambiarte la vida por completo. ¡Ánimo!

El romanticismo y la amistad

Michelle Obama es «la piedra angular» de la vida de su marido, en boca de éste. No sólo porque es su amante y compañera, sino porque es su mejor amiga. Estos adjetivos suelen definir las relaciones estables que todos anhelamos. Así, la terapeuta Judith S. Wallerstein ha construido una teoría en la que la estructura interna de la pareja se basa en la pasión, la intimidad y el compromiso, y afirma que tenemos varias formas de potenciar estos elementos:

- Para aumentar la pasión, debemos revivir las ideas románticas que tenemos sobre el otro y que nos enamoraron. Tenemos que nutrir, además, nuestra admiración por nuestra pareja. Las relaciones sexuales son un buen antídoto contra la rutina y no deben obviarse por culpa del estrés laboral y diario.
- Para preservar la intimidad, hay que edificar sobre el compañerismo, basado en la intimidad y en la identidad. Debemos tener nuestro propio espacio mental y respetar el del otro. El humor y la risa resultan reparadores.
- Para mantener el compromiso, hay que estar juntos ante cualquier problema. La pareja debe ser como un pequeño oasis frente a lo externo, donde se pueda hablar de todo y desahogarse. Los dos deben cuidarse y animarse cada día. Ante la crisis, adaptación. Si se hace un esfuerzo en comunicarse y en apoyarse, el cambio servirá para consolidar aún más la pareja.

99

Lo importante va antes

Si la persona que te ha criado está a punto de fallecer y debes desaparecer de la escena pública un par de días, lo haces. La abuela de Obama se lo merecía, y el propio Barack también. Y tú te lo mereces, por descontado. Te mereces poder regir tu propia vida y establecer tus prioridades. Lo que no debes pasar por alto es que, si todas tus prioridades son de carácter material, tarde o temprano puedes sentirte solo.

En la vida, lo que nos ayuda a desarrollarnos como seres humanos complejos es, justamente, la compañía de los demás. No nos sirve de nada llegar a lo más alto si no tenemos con quién o quiénes compartir el éxito, si estamos solos en el camino —que es lo que debemos disfrutar, como proceso—. Son muchas las celebridades que han repetido esta idea y mucha la gente que no los cree y se cambiaría por ellos.

El éxito por el éxito es una falacia, una nube que puede volatilizarse. Y, tras el huracán, ¿qué queda? La familia, los amigos, la pareja, nosotros mismos y nuestras aficiones. Guarda tiempo para cuidar de cada uno de ellos. Estate al corriente de la salud y de las inquietudes de los que te importan, acompáñalos en sus momentos especiales, ayúdalos e intercambia sentimientos y pensamientos enriquecedores. Ése es el material interesante y el que resulta más difícil de manejar; pero si conseguimos ponerlo en la balanza de ganancias, nos hará sentir plenos como personas.

100

Una pausa, por favor

Piensas que un libro como éste ha sido escrito de un tirón, de forma mecánica? ¿Crees entonces que las mejores cosas de la vida, aunque sean fáciles y gratuitas, no requieren paradas y elaboración? ¡Para nada! Durante estos cien capítulos he necesitado pausas para refrescar las ideas sobre el contenido que pueda ayudarte de la mejor manera. Y estoy convencido de que tú has realizado varias pausas para interiorizarlo y ponerlo en práctica. No somos robots: tenemos que parar. Parar para:

- Pensar.
- Reír.
- Divertirnos.
- Planificar.
- Descubrirnos y descubrir.
- Ejercitar el cuerpo.
- Dormir.
- Endulzarnos la vida o ponerle sal.
- Soñar.
- Ganar.
- Perder.
- Valorar.
- Suponer.
- Buscar oportunidades.
- Llorar.
- Crear...

... y comenzar de nuevo.

Bibliografía recomendada en español

BACH, Eva & FORÉS, Anna, *La asertividad*, Plataforma Editorial, Barcelona, 2008.

BEER, Michael, *Cómo convencer a los demás*, Ediciones Obelisco, Barcelona, 2005.

BEHREND, Genevieve, *Tu poder invisible*, Ediciones Obelisco, Barcelona, 2008.

BIRD, Linda, *Siempre atractiva y sexy. Trucos para lograr un look espléndido y sentirse bien*, Ed. Nowtilus, Madrid, 2005.

CARR, Allen, *Es fácil tener éxito*, Espasa Calpe, Madrid, 2005.

COMELLAS, Josep, *Hábitos inteligentes para tu salud*, Amat Editorial, Barcelona, 2004.

DAVIS, Flora, *La comunicación no verbal*, Alianza Editorial, Madrid, 2006.

DILTS, Robert B., *El arte de comunicar*, Rigden Institut Gestalt, 2008.

DWECK, Carol S., *La actitud del éxito*, Ediciones B, Barcelona, 2007.

MUCCHIELLI, Alex, *El arte de influir*, Ediciones Cátedra, Madrid, 2002.

PÉREZ, Rafael Alberto, *Estrategias de comunicación*, 5.ª edición revisada, Ariel, Barcelona, 2008.

SCHOPENHAUER, Arthur, *El arte de ser feliz explicado en 50 reglas para la vida*, Herder, Barcelona, 2007.